ef

リスクコミュニケーション

子

エネルギーフォーラム新書

はじめに

２０１１年3月11日、東日本大震災が起こりました。そしてリスクコミュニケーション（通称リスコミ）を、という声がいろいろな方面から聞こえてきました。

しかし、わたしには違和感がありました。

なぜかといえば、リスクコミュニケーションとは何なのか。理解が深まらないままに言葉が独り歩きしていったからです。

それは当然ともいえます。「リスク」も、「コミュニケーション」も概念として日本で深くは根付いていません。ですからリスクコミュニケーションを理解しましょう、といっても無理があるからです。企業や行政の担当者からは「どうリスクコミュニケーションを行ったらよいかで悩んでいるのです」という切実な声も聞こえてきます。

この本では、何となく分かっているようで、実は理解されていないリスクコミュニケーションについて解説していきます。そして、どこから始めたらよいのか、どうしたらいいのかをお伝えしていこうと思います。リスクコミュニケーションを少し離れたところから客観的に見ることで、具体的な解決策が見出せていけるでしょう。

この本は、これまでの私の研究と実践を基に具体例を入れながら、基礎的なことを中心に、リスクコミュニケーションのガイドブックになるように書きすすめました。

本の前半では、3月11日の原発事故を振り返りながら、主に政府のコミュニケーションのどこに問題があったのかをリスコミの視点で検証していきます。後半ではリスコミでよく見られる誤解や問題について書きすすめました。

リスクコミュニケーションは科学と一般の人をつなげます。その9割が実践です。リスコミが正確に理解され、よりよい社会を作っていくことに役立っていくことを願っています。

私はイギリスでの社会人留学、続くドイツでのリスクコミュニケーションの研究で10年間、欧州に滞在しました。2006年に日本に帰ってきてからは、リスクコミュニケーションのアドバイスを行うリテラジャパンという会社を設立して活動を続けてきました。

これまでの活動で、企業、行政、メディア、消費者団体、アカデミアという枠を超え、素晴らしい先輩や仲間に恵まれました。特に、毎日新聞編集委員の小島正美さんには帰国当初から絶え間ないアドバイスを頂きました。

皆さまの励ましとご支援にこの場を借りて、深く御礼申し上げます。

2013年10月　西澤真理子

リスクコミュニケーション　目次

第2章　食品と水をめぐる混乱……39

第3章　クライシスコミュニケーションとは何か

第4章　リスクコミュニケーション（平時の対応）……93

第8章　科学者はリスクコミュニケーションにどうかかわるべきか　179

第9章　企業のリスクコミュニケーションの問題

第一章　リスコミから見た原発事故

なぜこれほど混乱したのでしょうか

2011年に起きた原発事故に対して、大半の人が〝情報不足〟を感じたと思います。私もその1人でした。

今から当時のことを振り返ると、普通に暮らしている私たちに理解できるような分かりやすく丁寧な説明が圧倒的に欠けていたと思ってよいでしょう。

最初の印象は後々まで残ります。ですから、初期情報の提供に政府やメディア、科学者が失敗したことが、原発事故直後の大きな混乱につながっていったと思います。安全情報が限られている場合、人は直感に頼ります。それが結果的に放射線情報をめぐる混乱となってしまいました。

リアルな直感が客観的なリスクを認識しているとは限りません。だからリスクを正確に伝えるリスクコミュニケーションが必要とされるのですが、それが適切になされなかったのです。

2011年の原発事故について言えば、緊急時に行われるべき「クライシスコミュニケーション」と事故回復時に行われるべき「リスクコミュニケーション」のどちらのコミュニケーションも失敗してしまいました。

原発事故後、多くの人が福島原発からの放射線のリスクはゼロにしてもらいたいと考えるようになりました。「未知のリスクはゼロにすべき」、「少しでもセシウムが入っているならば子供には食べさせたくはありません」、「企業は検査を徹底し、その結果を公表すべき」、「政府は基準をもっと厳しく」、「セシウムがゼロの食品しか買いたくありません」。

世間の不安に応えるために政府の基準は厳しくなり、２０１２年春に施行された基準値は世界一厳しいと言ってよい値となりました。放射線の検査も増えていきます。「これで安心」の声は聞かれたのでしょうか。いいえ。まだ続いています。「もっと検査を厳しくして欲しい」、「検出限界を下げて欲しい」、「検査結果をすべて公表して欲しい」。厳しい要求はどんどん高まっていきました。なぜでしょうか？

それにはリスクコミュニケーションの欠如があったのです。政府は「安心してください」と繰り返すばかりで一般が分かる丁寧な説明がありませんでした。何か隠しているのではないだろうか。だから消費者は検査と規制値の強化を要求していきます。数字を自分の目で確かめたい。そうしないと不安で仕方がないからです。

この本の１～３章では原発事故時のクライシスコミュニケーション、それ以降のコミュニケーションを振り返っていきます。そしてどこに問題があったのかを、

1　政府の説明の仕方による混乱

2　メディアの伝え方による混乱
3　専門家の説明の仕方による混乱
4　事業者と地方自治体の伝え方による混乱
の点から、事例を紹介しながら検証していきます。


では、なぜ混乱が起きたのか、事実を振り返りながら検証してみましょう。

3月11日の大きな揺れ、そして、福島原発が爆発した映像。多くの日本人がその映像を見て、もう日本はだめになってしまうのではないかと恐怖を感じたことでしょう。

それなのに、放射能の影響について政府は、「直ちに影響はない」と言うだけでした。専門家の大半も「安心してよい」とテレビでコメントを述べていました。

一方、外国のメディアの多くは「危険」と報道していました。

どちらを信じればよいのか私自身とても迷い、情報の取得に必死でした。その迷いの根源を探っていくと、当時の日本政府の対応に問題があったと私は見ています。

水素爆発と避難範囲の拡大

どういうことか、事実関係をおさらいしながら、振り返ってみましょう。

3月11日、東北地方で大震災が起き、日本は緊急事態に陥ります。東京電力からの電源喪失、非常用冷却装置の注入不能の連絡を受け、その日の夜7時に政府は原子力緊急事態宣言を出しました。さらに、翌日12日の早朝までに、10キロ圏内の避難指示を出しました。12日午後3時36分、福島原発1号機が最初に水素爆発を起こします。その夜までに、20キロ圏内の避難指示を出しました。14日には3号機も、15日には4号機も水素爆発を起こしてしまいました。

その結果、3月15日には20〜30キロ圏内の屋内退避を指示しました。4日間で3つの原発が水素爆発を起こしたことで、政府は避難範囲を段々と広げていきました。

呆然とする中での情報

この緊急事態に呆然としている中、頼りになるのは政府からの情報です。しかし、避難指定地域以外の地域に住む住民や、首都圏にいる我々は安全で、特に避難するほどの心配はいらない、というのが枝野幸男官房長官の記者会見から伝わる政府からの一貫したメッセージでした。

多くの人がそうだったように、私も地震に動揺しました。余震が続く中、しばらく普通の日常生活に感覚的に戻ることが困難でした。

私は地震発生時には仕事先の新宿におり、当日は自宅のある横浜に戻れませんでした。新宿では建設中の高層マンションのクレーンが大きく揺れ、幹線道路が大渋滞、消防車と緊急車両からのサイレンがひっきりなしにけたたましく鳴り響く中、火事のせいか空には黒い雲が立ち込め、上空には旅客機が旋回、ヘルメットをかぶった多くの人が西新宿から家を目指して歩いていて、現実離れした空間となっていました。

そのうちに、ある噂が出始めました。それは日本の避難範囲は緩すぎるというものでした。

関西に逃げろ

「水素爆発で拡散された放射性物質が雨で首都圏を汚染する」「外国の企業はもう本部を大阪に移しているし、社員も東京には残っていない」「放射性物質は一週間で半減するから、その間は西に避難した方がいい」

本当にそうなのかもしれない。テレビで見たあの原発からの煙と映像は、どう見ても大事故です。でも、首都圏には避難指示は出ていないし、実際問題、仕事もあり、生活の基盤はそう簡単に変えられないのが現状です。私の住むマンションの隣人は、「洗濯物は外に出さないようにしているよ」「マスクをして外出するようにしています」と、自衛はしていましたが、避難するということは誰もしていませんでした。

一方、海外とパイプのある経営コンサルタントの友人から忠告されました。

「海外の情報を見た方がいいですよ。今の状態はかなり危機に近いと欧米のメディアは言っています。日本は報道規制がかかっているから、そこまで報道しないだけでしょう。12日の水素爆発のフォールアウトが飛んできているらしい。外資系に勤務している息子はすでに関西に避難していますよ。あなたも避難した方がいい。僕もこれから広島に避難します。大阪のホテルが避難した人で満室になって予約が取れませんでした。一刻も早く海外の新聞、特に、ニューヨークタイムズを読んだ方がよいです」

その忠告の内容は本当なのでしょうか?

いくら緊急時とはいえ、日本のメディアがそこまで情報を隠すということはあり得ないのではないか? 日本政府が大丈夫だって言っていることは嘘なのか。いつも冷静な彼が嘘を言っているとは思えません。どう行動したらいいのか私は迷いに迷いました。

海外のメディアも混乱

そのあと、海外からの情報を自分で探し、それを基に考えることにしました。

今はネット時代です。新聞や雑誌の大筋の主張はネットで読むことができます。私は欧州に10年間住んでいました。当時から読んでいて、これだったら間違いないだろうと信頼を置いている、いわゆる高級紙と呼ばれる新聞を中心に当たることにしました。

すると、イギリスとアメリカは比較的冷静なニュースが多かったのです。例えば、３月14日付の米国経済紙『ウォールストリートジャーナル』は「Japan does not face another Chernobyl」という見出しで、86年に事故を起こしたチェルノブイリ原発とは違う、と報道していました。

一方、ドイツは一貫して「危険」という伝え方が中心でした。長年ドイツに住んだ私の感覚では、ドイツは冷静な国という印象だったのですが、信頼の高い公共放送ＺＤＦでも日本は危険、と言っていました。

そこまで心配ないと言っているアメリカやイギリス。危ないと言っているドイツ。海外のメディアでさえも混乱していたのです。

原発事故の深刻化を伝える海外メディア

ところが、12日の水素爆発から4日後の16日になって、海外政府や海外メディアの反応が変わり始めました。水素爆発を相次いで起こした3基の原発から放射性物質が漏れ出したということがきっかけです。正確には、第一原発の正門付近で10ミリシーベルトの比較的高い放射線が計測され、格納容器が破損していて放射性物質が拡散しているのではないかということが疑われました。特に、2号機の状態が深刻でした。

海外での反応が緊迫していることが海外メディアからの情報で伝わってきました。米エネルギー省（DOE）長官のチュウ氏は、「福島で起きている部分的な炉心溶融は1979年のスリーマイル島の事故よりももっと深刻なもののようだ」と述べていました。

欧州でも同様です。エネルギー関係のトップであるオッティンガー氏も、「日本の状態は、『惨事と大惨事の間にある』『日本国民の命にかかわる脅威となる壊滅的な事態を迎える事態も起きるかもしれない。最悪の事態が起きるシナリオは除外できない』」と、日本の事態はコントロールが不可能であると欧州議会で報告。「日本の原発危機悪化」という見出しで、そのコメントがイギリスのガーディアン紙に引用されました（3月16日付）。

米政府が避難範囲を広げた

アメリカ政府の反応は迅速でした。

米国エネルギー省は14日に専門家を日本に送り、軍用機を福島に飛ばしました。航空機から放射性物質の拡散状況を調査したのです。

16日、米政府は自国民の避難方針を変えるというニュースが入ってきました。当初は日本政府の避難指示通りでよいとしていたのが、2号機の格納容器破損の翌16日、米国原子力規制委員会（NRC）は、大きく方針を変え「爆発を起こした少なくとも一基のダメージが日本政府が考えているよりも深刻」と、50マイル、つまり80キロ圏内にいる自国民の避難を決めたのです。これが大きく報道されました。

「冷却プールの水が完全に干上がっており、燃料棒の冷却ができず、どんな手段でも過熱を止めることができない」

NRCのヤツコ委員長はこう言い切りました。さらに続けて「日本政府は避難指示範囲を小さく見積もりすぎている。最低でも原発から50マイル離れるべきである」とも言いました。

80キロは相当に広い範囲です。福島市内は原発から65キロ程度ですから、避難すべき圏に入ってしまいます。こういう海外情報を読む限り、日本の状況は絶望的に近いというような印象を受けました。

爆発の映像がリアルタイムでテレビ報道されていましたから、もう日本はダメになってしまうのかもしれない、といった感覚を多くの人が抱いていたのではないでしょうか。ただ、どれだけ事態が深刻化しているのかは、日本のメディア報道を読む限り、よく分かりませんでしたので、アメリカの発表には本当にショックを覚えました。

驚いたのが、２００マイル、つまり、原発から３２０キロ圏内にいる米軍や大使館の家族の自主避難を米国政府が認めたときでした。私の住んでいる横浜市は原発から２５０キロ離れています。東京も同程度ですから、米国が自主避難を認める距離なのです。相当なショックです。

他の政府も同様でした。オーストラリア、カナダも80キロ圏の住民に避難か屋内待機を勧めました。イギリスは「念のため」に80キロ圏外に避難すること。しかし同時に日本政府の指示に従うことと、20～30キロ圏にいる場合は屋内退避を勧告しました。

ドイツとフランスはもっと厳しい反応

16日以降のドイツとフランスの反応はもっとはっきりしていました。一刻も早い関東圏からの脱出でした。

ドイツに住む友人は、「マリコも早く西に逃げたほうがよい」と、在日ドイツ大使館からの避難指示をメールで転送してくれました。17日付のその書状には、「東京、横浜、そして静岡、山梨、長野、新潟、それから北海道に至るまでの東日本に居住するドイツ人は一時的に西日本に避難することを勧告する」とあります。そして、「新大阪駅と関西空港に避難の支援をする担当者を常駐させた」「この番号に連絡するように」と、複数の携帯電話の番号があります。「東京のドイツ大使館を大阪の公館に移す」ともあるのです。

さすがに大使の署名入りのこの書状を見たとき、ここに残る自分は本当に正しいのだろうか、と気持ちが揺らぎました。ドイツのルフトハンザ航空も日本からの出国のために増便するということです。フランスは数日のうちに東京を離れるように指示を出し、関西空港からエールフランスが増便され、多くのフランス人を運びました。

ここにとどまっていいのか

震災後1週間の19日までに日本にいる多くの外国人が大阪から西へ移動、もしくは母国に帰りました。成田空港では出国する外国人の長い列ができました。事故直後は、「韓国でも近隣諸国でもいいから、とにかく日本を出たい。一歩も空港設備の外に出たくない」と多くの外国人が空港スタッフに詰め寄ったということです。飛行機会社は増便しましたが、それでも中国や韓国方面は席を確保するのが大変で、4月までは満席状態と報道されました（ニューヨークタイムズ 3月19日付）。

こうした緊迫したニュースの中、日本政府は「直ちに健康に影響はありません」と一貫して主張していました。日本政府の対応はやはり甘いのではないか。そんな感じをもったのを覚えています。

日本のメディアも、政府の対応を批判する報道が相次ぎました。「場当たり対応　政府後手」。アメリカ政府からの冷却材の援助も断り、原発への放水方針も混乱、と読売新聞は報道しています（3月19日付）。

政府は大丈夫だと言っているけれども、どう大丈夫なのか、はっきりしたことを記者会見で言いません。やっぱり隠していることがあるのではないか。多くの人がそう感じたのではないでしょうか。

結局、私はさまざまな情報を総合的に判断して、避難するほどの放射線の影響はないだろうと考え、避難はしませんでした。それでも常に心にひっかかっていたのが日本政府の情報の出し方の不十分さでした。「直ちに健康に影響はありません」では、どう見たって納得できませんでした。

やはり「レベル7」だった

そして、事故から1カ月が過ぎた4月12日、政府は今回の事故の重大さを、レベル5から7という評価にしました。私が驚いたのは言うまでもありません。

レベル7というのは、国際原子力機関（IAEA）の分類で、原発事故が人体や環境に与える影響が最悪クラスの「深刻な事故」ということです。メディアは、「チェルノブイリと並ぶ重大事故」と報道しました。

なぜ1カ月もたってから、このことを発表したのでしょうか。

すでに触れたように、海外のメディアでは、爆発直後から「スリーマイルアイランドの事故よりも深刻なようだ」（米DOE長官チュウ氏）などと、事故の大きさがかなり大きいという政府関係者や識者のコメントをすでに掲載していました（ガーディアン3月16日付）。炉心溶融の公表については「政府がとても過敏になっていた」と国会の事故調査委員会で報告されていますが、国民のパニックを懸念し、発表を遅らせた、というところではないでしょうか。

4月12日付のニューヨークタイムズの記事はこのことについて、「レベル7の発表後、政府は情報を隠していたのではないかという問いに対して当時の菅首相は、『私が把握していた事故情報については、その公表を憚ったとか、隠したことはない』と発言した。しかし、専門家はすでに事故を起こした原発が大量の放射性物質を放出していると何週間も言い続けているのに、日本の役人はこの可能性を矮小化した」と批判しています。

やっぱり噂通り、最悪の原発事故である「レベル7」だったのです。この発表で、政府からの安全情報は信用できない、という印象を国民の間に、そして海外にも強固にしてしまいました。

初動の失敗が不信感を生んだ

このように振り返ると原発事故への日本政府の対応は、クライシスコミュニケーションの失敗の連続だったと言えます。

クライシスコミュニケーションの基本は、

「迅速に、統一したメッセージを国内外の関係者に伝え安全情報を共有すること」

「分かりやすく、はっきりした言葉で安全なのか、どのような行動をとるべきかを相手に伝えること」

です。

情報を混乱させないためには情報発信の窓口を統一することも必要です。危機では初期に混乱を起こさないことが肝要です。

それが今回の事故ではうまくできなかったのです。なぜか。ひとことで言えば、クライシスへの準備、体制がなかったからです。平時にできていなかったので緊急時にできなかったことが大きいでしょう。人は情報がないことを一番不安に思います。少しでも情報を出すことで相手に安心してもらう必要があります。その準備やそれを大切にする土壌が普段からなかったということです。

記者会見も問題だらけでした。

当初、政府と東電合わせて4つもの記者会見が個々別々に行われ、政府の「安全」というメッセージの根拠があいまいなままに時間が過ぎていってしまいました。「なぜ安全なのか」を分かりやすく、数値の根拠を挙げて示すことがなされないままに「直ちに健康に影響はありません」から大丈夫です、ということが繰り返し強調されていたわけです。この言い方は「直ちに」影響がなくても、あとから影響が出てくるのか？という疑いを生み出したわけです。

さらに政府や東電から出る情報があまりに少ないことから、「やっぱり何か隠しているのだろう」と、不信感を持たれてしまいました。

情報の出し方にしても、枝野官房長官ははっきりした言葉で対応していましたが、原子力安全・保安院の会見は紋切り型に映りました。当事者の東京電力の記者会見は、話し方、目線なども、この人たちに任せておいて本当にいいのだろうか、という印象を与えてしまいました。

そして、「安全です」と言っていたのに、実は原発事故の深刻さが最大のレベル7だったという、一見矛盾するような発表が、「政府の安全情報はもう信じられない」という意識を国民の間で作ってしまいました。

このように初期の段階で政府に対する信頼がすでに失われてしまったのです。それが次の章から検証する食や水をめぐる安全情報の混乱にも引き継がれていってしまったのです。クライシスコミュニケーションの失敗が、それから続くコミュニケーションの失敗をも呼び起こしたのです。

第二章　食品と水をめぐる混乱

原発の爆発事故から1週間すると、今度は食べ物の汚染が問題になってきました。原発周辺の食品から放射性物質が検出されるのは過去の事故でも明らかです。葉っぱが上を向いている葉物は、空気中から落ちてくる放射性物質を蓄積しやすく、チェルノブイリ事故では、ヨウ素に汚染された牛乳が子供の甲状腺がんを引き起こしました。

そういう過去の苦い教訓から言っても、原発事故の初期のコミュニケーションがいかに重要かが分かります。しかも、事故初期の段階ですでに国民の間には、原子炉の状況に関する情報が不十分なため、政府への不信感が強く漂っていました。当然、食べ物の汚染への関心が高いわけですから、そういうときに大事なのは、安心感の醸成です。

とはいえ、安心のために放射性物質の検出ゼロを目指そうとしたり、よく確認しないまま早々と「安全宣言」を行うような行為は、安心感にはつながっていきません。

しかしここでも、政府、地方自治体、事業者は失敗してしまいました。本当に必要だったのは、リスクゼロを目指すのではなく、リスクは現実にはゼロにできないから、どうリスクを小さくしていくかを丁寧に説明するリスクコミュニケーションだったのです。

メディアもリスクの大きさを相対的に捉えて説明することができませんでした。基準値を超えたもの＝健康被害ではないのに、それを正しく伝えたメディアは一部に限られていました。

では、食品と水をめぐるリスコミの失敗を具体的な例を挙げて検証してみましょう。

食品の検査が始まる

爆発によって放出された放射性物質が広範囲の食品を汚染しました。原発事故から一週間経過した3月18日、鹿野農水相が食品の検査に着手すると表明しました。そして19日には福島の原乳、茨城産のホウレンソウから暫定規制値（当時は1キログラム当たり500ベクレル）を超えるヨウ素131が検出され報告されました。原乳からは規制値の3～5倍で、1キロ当たり932～1510ベクレル、ホウレンソウからは、規制値の3～7倍の6100～1万5020ベクレルが検出されたのです。放射性セシウムは、栃木や群馬のホウレンソウ、福島の小松菜やキャベツ、ブロッコリーからも検出されました。

この検出結果を受け、3月21日に政府が初めて食品の出荷制限を指示しました。そして福島、茨城、栃木、群馬のホウレンソウ、カキナ（葉物野菜）、福島県産の原乳が出荷停止になりました。

枝野官房長官は出荷制限を説明する記者会見で「人体に影響を及ぼす数値ではない」「洗い流せば問題ない」と説明しました。しかし、この説明は言葉足らずでした。洗い流せば問題ない程度であるならば、一体、なぜ出荷制限をするのか。食べると危ないから出荷制限をかけるのだろう、というのが普通の感覚です。この発表以来、北関東の野菜が売れなくなりました。

北関東の野菜が売れない

「どの野菜から放射性物質が出たかではなく、一度でも出てしまうと『あの県の野菜は危ない』とマークされ、そのイメージを払拭するのが難しい」「野菜そのものが売れない」「原発事故の対応などを見ていると、国が本当のことを伝えているのかどうか、不安になる」。こんなコメントが毎日新聞（4月6日付）に紹介されていましたが、全くその通りでしょう。私の近所のスーパーで1把100円という安値がついていても、売れ残っていたホウレンソウが山積みとなっていました。産地に関係なくホウレンソウの売り上げ自体が半減したのです。

消費者の心理とはそういうものなのです。

人はイメージで行動します。

消費者は数値ではなく、産地で考えます。

「健康に影響を与えるレベルではない」と言われても、イメージの悪くなった野菜、地域を避ける。それが消費者の行動なのです。人体への健康影響が少ないとしても、出荷制限をかけた行為自体が、消費者の忌避行動を誘発することになってしまいました。

メディアの説明も矛盾

メディアはどう伝えたのでしょうか。

出荷制限が発表された翌日22日の朝刊を見てみました。例えば、読売新聞は「放射線避けたい過剰反応　食品・水　数回摂取でも問題なし」（5面）とあります。産経新聞も、「放射性物質　規制値超す食べ物　注意点は？　水で洗えば半減　家畜影響小さい」（24面）と書いています。どちらも読者に対して、なぜ野菜から検出されたのか、家庭での注意点をまとめており、決してあおるような記事ではありませんでした。

ところが、同じ読売新聞の紙面で「子供　長期的な影響に注意」「放射性物質　体内に入ると除去困難」（5面）とも書いてあるのです。

さほど問題がないですよと書いてある一方、その隣の記事が危ないとあり、矛盾するような情報を読者に送る結果になっていました。

これではどちらを信じていいか分かりません。消費者がホウレンソウ自体や、北関東産を避ける行動をとっても、決して不思議はありません。きっとメディア内部でも、どういった情報を出すのかの混乱があったのでしょう。

大手スーパーでもダメ

出荷制限をめぐる混乱もありました。

政府や地方自治体が出荷制限を実施したということは、「市場には規制値を超えた食品は出回っていません。だから、安心してください」というメッセージなのですが、それを裏切るようなトラブルが起きました。

このトラブルとは、千葉県が出荷自粛を指示していた旭市産のサンチュが流通大手イオンの関東57店舗で2000パックも販売されていた事件です。このことは4月13日に一斉にニュースとして流れました。

これで市場にあるものでも安心できない、というシグナルが消費者に伝わってしまいました。とりわけ、国内流通最大規模のイオンが販売していたことが大きなインパクトとなってしまいました。

こういう混乱が「政府や地方自治体による出荷制限は信用できない。スーパーも信頼できない。自衛するには葉物を避けるか、北関東産を避けるしかない」という行動につながっていったのではないでしょうか。その点では、この初期の段階で起こった出荷制限に対する不信感を作ってしまったことは、行政、流通の大きなミスだったと言えます。

お茶の規制値超えが起きる

サンチュの次はお茶から規制値を超えるセシウムが検出される問題が起きました。葉を広げるお茶には放射性物質が付着しやすいのです。しかし、これも対応をめぐって誤解や混乱が起きました。

5月上旬、原発から300キロ近くも離れているにもかかわらず、神奈川の南足柄や小田原市などでとれたお茶の葉っぱから国の暫定規制値である500ベクレルを少し超える550ベクレルのセシウムが検出されました。

しかし、これは微妙な問題です。なぜかというと、お茶をどの段階で測るかでセシウムの値が大きく変わるからです。

お茶は生の茶葉を乾燥させて荒茶になり、家庭に届くと製茶になります。荒茶にする過程で放射性物質は当然、濃縮されます。大体5倍の濃度です。でも、実際に私たちがお茶として口にするときには、セシウムは当然希釈され30分の1程度に薄まるそうです。セシウムが100％お湯に移行したと仮定して計算しても、550ベクレルが検出されたお茶を500ミリリットル飲んだ場合、実際に口にするセシウムの量は1リットル当たり25ベクレルになるという計算です。他の茶葉とのブレンドがあればさらに値は変わります。ちなみに、セシウムの移行は100％ということは実際にはなく、実証試験でセシウムの濃度は生の茶葉の10分の1から300分の1だったそうです（毎日新聞　5月18日付）。

荒茶でも500ベクレル

そういう確かな事実があるにもかかわらず、厚労省は生茶葉も荒茶も、同様に500ベクレルという値を超えたら出荷停止とする措置を取りました。他方、農水省は「荒茶での規制は厳しすぎる」との主張をしました。これが霞が関と地方自治体を巻き込む論争となっていったのです。

神奈川県の黒岩知事は「荒茶は加工の途中であり、食品衛生法による暫定規制値を当てはめるのは根拠がない。不安を助長する」と国に意見を述べました。それに対し、蓮舫消費者担当相は「荒茶をふりかけにして食べる場合がある。安全安心の観点で荒茶の検査は重要」と主張しました。最終的には、厚労省や蓮舫さんの意見が通り、荒茶でも基準値超えは認めないことになりました。そして6月2日には、厚労省から出荷制限が出されたのです。

静岡や埼玉では安全宣言の撤回

一方、隣でこの騒動を見ていたお茶の一大産地の静岡県は、5月に生茶葉で規制値超えがなかったため、「安全宣言」を出しました。

ところが、その後、静岡県内の本山地区で作られた製茶（荒茶の後の過程）で679ベクレルという基準超えが出てしまいました。そして、商品回収と出荷の自粛が始まりました。安全宣言の実質上の撤回です。

埼玉県の狭山茶でも同じことが起きました。6月にサンプル検査を終えて、上田清司知事が安全宣言を出しました。ところが、9月になって基準値を超える製茶が見つかったのです。

このように、お茶の規制値をめぐっては、行政の間でも放射性物質のリスクをどう考えるかの意見の調整がなされていなかったこと、県の知事などが「安全宣言」をし、それが覆されることで消費者の不信感を呼んでしまいました。消費者の間で関東のお茶は危ない、というイメージが生まれてしまった背景には、このような経緯があったわけです。

お茶のリスクの本当の大きさ

私にとって不思議だったのは、お茶のリスクの大きさがどれくらいなのかという説明が行政、生産者、事業者からほとんどなかったことです。

メディアにしてもしかりです。神奈川、静岡、埼玉のお茶からセシウムが検出された、ということを国民に伝えるのであれば、セシウムの健康へのリスクの大きさがどれだけかの説明が同時に必要なのですが、そのような説明はごく限られていました。

では本当のリスクの大きさは？

神奈川産の場合、最大値の10分の1が飲料茶に移行したとして、1リットル当たりセシウムは0・55ベクレルになります。大きめのマグカップ1杯分（約200ミリ）だとわずか0・01ベクレルです。これだけ少ないと分析装置の検出限界を下回ってしまうくらいの量です。静岡のお茶でも、埼玉のお茶でも、おそらく検出限界以下でしょう。

規制値を超えたといっても、飲んだときのリスクはほぼゼロだったのです。

風評被害はどう深刻になるか

いったん、産地が汚染させているというマイナスイメージがついてしまうと、いくら数値が小さいと説明しても消費者の回避行動が起き、商品が売れないことで、経済的な打撃が生産者、農家について回ってしまいます。

ですから行政による出荷制限や食品の規制値の設定には、健康被害がどれだけあるのかを冷静に科学的評価をしなければならず、消費者の「安心」のためと安易な導入に流れることは大きなダメージを生んでしまいます。メディアも安易な行政対応は根拠を示して批判をし、行政の伝えきれない部分や、リスクの大きさを丁寧に消費者に伝えるという作業をしていかねばなりません。

早めの「安全宣言」は常に要注意です。

お茶をめぐる混乱はBSE（牛海綿状脳症）のときの安全宣言の失敗と似ています。欧州で大きな問題になっていたとき、日本政府は「日本ではBSE牛は発生しません。日本の牛肉は安心していいです」と情報を流しました。しかし、そのすぐあと、日本でもBSEが発生。安全宣言が不信を生んだわけです。

「絶対に安全です」というメッセージの流し方は、実際にトラブルが発生した場合には逆に大きな不信感を呼んでしまうことを知っておく必要があります。

消費者を納得させるには「絶対」という言い回しを使いたくなる気持ちは分かりますが、リスクは小さくできても、ゼロにはできません。安易な安全宣言は絶対に禁物です。

牛肉の規制値超え

お茶に引き続き、牛肉の規制値超えが問題となりました。

汚染された稲わらを食べていた福島県の肉牛から暫定基準値を超えるセシウムが検出されたというものです。発端は、福島県南相馬市の畜産農家から東京・芝浦のと場に出荷された牛11頭から1キロ当たり1530~3200ベクレルの放射性セシウムが検出されたということでした。そして、メディアは「南相馬から出荷の牛肉、セシウム検出　基準の4・6倍」などと報道しました（朝日新聞　7月9日付）。

7月19日、国は福島県の肉用牛の出荷制限を指示しました。その後、宮城県など17道県で汚染された稲わらを食べさせた3500頭の牛が流通したということも分かってきました。

この牛肉のケースも、「安全ではないものが流通している」「安全管理がずさん」「牛肉が危ない」というイメージを消費者に与え、東北の牛肉が汚染されているとの印象を残してしまいました。

この場合もお茶と同様で、どれだけのリスクがあるのか、つまりリスクの大きさの説明が行政、農業団体、メディアからはほとんどありませんでした。

最大の汚染値であった牛肉（セシウム３２００ベクレル）を食べたと仮定します。牛肉を一食当たり１００グラム食べたとすると３２０ベクレルです。通常の食材にもともと広く含まれる放射性カリウム40と比べると、３２０ベクレルは、牛乳１リットルパック６本分に含まれる自然放射線量とだいたい同じです。ポテトチップスなら10袋程度です。牛乳６本分に相当する自然放射線なら、やや多めとはいえ、大したリスクではありません。そういう分かりやすい数値をメディアや行政が出していれば、少しは冷静になれたのではないでしょうか。

コメの安全宣言が出荷制限に

福島では牛肉に引き続き、米をめぐって「安全宣言」後のトラブルが起きました。「安全です」と県が発表していた福島産のコメからセシウムが検出されたのです。

福島県は、事故以降に作付けされた福島県内の48市町村のコメから検出された放射性物質が国の規制値を下回ったとして、10月中旬にいわゆる「安全宣言」を行いました。しかし、

11月に入って、福島市内（大波地区）の農家から基準を上回るコメが検出されたのです。最大で1キログラム当たり1270ベクレルのセシウムが含まれ、県は慌てて出荷制限をかけました。その後、11月下旬には伊達市や他でも基準値超えのコメが見つかっていきます。

これらが報道された後に福島県知事は記者会見を開き、「セシウム不検出のコメだけが流通しており、安全性は保たれている」と述べ、問題となったケース以外の福島産のコメは安全と訴えました。しかし、ときすでに遅く、消費者の間では「安全宣言が守られていなかった。福島全体の米が汚染されている」とのイメージが広がり、消費者や事業者は福島産を避けるようになってしまいました。

セシウム検出は微量

実際には、福島のコメ全体からは、わずかなセシウムしか検出されていませんでした。当時の県の調査では2万件を超える農家の玄米の検査で85％は検出せず、全体の98％は100ベクレル以下だったのです。暫定規制値を超えたのは全体の0・2％しかなかったわけです。県内の卸売業者の団体でも、約3000点を測定しましたが、99％が検出限界（1キロ当たり25ベクレル）以下でした。

検査は玄米で行われていますが、食卓で食べるご飯のリスクとなると、実は、さらに低くなります。食べるときのセシウム量は、玄米の半分以下になるのです。このことも政府やメディア、農業団体が丁寧に説明していることをあまり聞いたことがありませんでした。

安全宣言が無効になった場合

福島のコメのケースも、「安全宣言」が実は安全ではなかったと消費者に受け取られ、とても大きいバックラッシュ（反動）が来た事例なのです。

福島県の収穫量は全国で4位のコメどころなのに、震災から1年半後の２０１２年には大手スーパーの棚には「福島産」と書いてあるお米がほとんどありませんでした。知り合いの学生も、福島産を買って応援しようと探したけれども売っていなかったと言っています。福島市内のスーパーでようやく見つけるくらいでした。

売れないそうです。

結局、そのしわ寄せは、生産者や産地に長期間にわたって押し付けられます。いわき市の精米業『相馬屋』社長の佐藤守利さんは、福島産に対する悪い風評が何年も続くことを覚悟し、２０１２年に福島県から長野県に工場を移したと話してくれました。１億円の費用は損害賠償の対象にならず、自分で回収する覚悟で決意したと言います。

この失敗からの教訓は、行政や生産者は「リスクはゼロとは絶対に言わない」ということです。さらには、現実にはあり得ない「ゼロリスク」に慣らされてしまった日本人のリスク感を問い直すべきでしょう。

冷凍ミカンへの対応はどちらが正しかったのか

神奈川県内の学校給食に出された冷凍ミカンの問題も、リスクの大きさをしっかりと説明しなかった行政やメディアの事例と言えるでしょう。

２０１２年５月、川崎市では冷凍ミカンから1キロ当たり最大約９ベクレル、横浜市では最大９ベクレル、横須賀市と逗子市では６ベクレルが検出されました。

横浜市と鎌倉市は給食に提供することを止めました。「安全であるけれども、不安という声があり、安心のため」だからです。中止した二つの自治体の言い分は、次のようなものでした。

「検査の結果は国の示す一般食品の基準値を大きく下回っており、健康上の問題はなく、安全であることを確認しました。その上で、学校給食の特性を踏まえ、子供に配慮し、保護者の方々からの不安の声を受け、判断し、決定した対応方針ですので、市民の皆さまのご理解をいただきたいと思います」（横浜市の林市長）

「基準値内であっても放射能の測定数値が出ている食材を繰り返し提供することに対する児童への影響は考慮すべきであると判断し、今年度の神奈川県産冷凍ミカンの使用を取りやめることといたしました」（鎌倉市教育委員会）

リスコミを行った川崎と横須賀

一方、川崎市と横須賀市では提供を止めませんでした。

川崎市の教育委員会は、口に入るのは微量という立場で、給食に冷凍ミカンを出し続けました。教育長の「放射能が『あるか』『ないか』ではなく『量』と『強さ』だと教わった」というコメントが報道されていました（東京新聞 5月16日付）。

横須賀市の保護者への通知文には、「市が独自に検査をしたところ、6・56ベクレル、ミカン一つ当たり（約80グラム）0・525ベクレルであり、予定通り学校給食で提供します」とありました。

ひとつの問題は、ホウレンソウや牛肉の場合と同様、微量のセシウムがどんなリスクなのか、子供の健康に影響を与えるのかどうかの分かりやすい説明が、どの市にもなかったことです。すでに触れている放射性物質のカリウム40についての説明はありません。ミカンにはもともとカリウム40が入っていますから、ミカン1つ当たり3・7ベクレル位の自然放射線量が含まれていることになります。その同じミカンに放射性セシウムが0・5ベクレル程度含まれていたということです。自然放射線の方が7倍以上も多かったのです。

このことを行政やメディアが正しく伝えなかったことが大きな問題だと言えます。

ゼロリスクのコスト

そうした中、的確な問題提起をした記事もありました。

産経新聞の平沢裕子記者は「給食で使用しないことは『基準値以下でも放射性物質が検出されたものは食べられない』と示したことになる」と書き、リスクをゼロにする行動を取ることは放射性物質に対する理解を妨げると訴えた内容でした（6月12日付）。

国の基準値内の食品を破棄する場合、東京電力による損害賠償の対象外です。横浜市はミカンを捨てるために2000万円以上もの税金を費やしました。給食として提供し続けた川崎市はその税金を使わずに済んだわけで、その差は大きいですね。

結局、横浜市と鎌倉市は「ゼロリスク」対応を行い、川崎市や横須賀市は科学的評価に基づき、冷凍ミカンをそのまま提供したということです。

税金を使って、小さなリスクをさらにゼロにして欲しいという声に応えるのか、それとも、科学判断に基づいて冷静に対応するのか。

どちらのリスク判断が正しいかは公共の福祉全体を考えると自明になります。子供の健康を重視するならば保育所不足など、子供がいる家庭が切実に抱える問題もあります。子供が安心できる環境のためには税金を優先して投入すべき問題も山積みなのですから。

冷凍ミカンが行政判断によって破棄されたことのもう一つの問題は、行政と市民を結ぶリスクコミュニケーションが行われなかったことでしょう。安全性には問題がないものを廃棄することに市税を使う。判断が難しい場合にはやはり、ステークホルダーである広い市民（納税者）に安全性に関する情報を提供し、その上で対話をすることが必要でした。

水の汚染をめぐる混乱

水についても大きな混乱が起きました。原発事故から数日経った後に雨が降ったことは多くの人が記憶にあるでしょう。その結果として、3月22日には東京の金町浄水所からヨウ素が検出されました。乳児向けの暫定規制値である1リットル当たり100ベクレルの2倍の200ベクレルが検出されたというのです。

それを受け、東京都は東京23区と多摩地区に対して乳児が水道水を飲むことを控えるように通達を出しました。テレビでは緊急速報が流れ、このニュースでパニック買いが起きました。どこのお店に行っても水のボトルが売り切れていました。数日後には取水制限を解除したにもかかわらず、多くの大人がペットボトルの水を買いだめました。政府は、健康被害があるような値ではないから、パニック買いを控えるように訴えましたが、効果がなく、スーパーでは水が在庫切れの状態が続きました。都はこれを受けて、24日と25日、乳児向けにペットボトル入りの水を8万軒分、配布しました。ある区では、職員が一軒一軒配って回ったということです。1世帯当たり500ミリリットルが3本です。

その後、ヨウ素の検出量は下がり、取水制限が解除され、翌週以降は検出限界以下となりました。しかし、不安な消費者は水入りのペットボトルを買い続けました。厚生労働省や学会が「短期間の摂取では健康に影響を及ぼす可能性は極めて低い」「不安に思って水を与えないことの方が悪影響」「ボトルに入っている硬水は乳児には逆に不適切」とメッセージを出したにもかかわらず、東京都が取水制限を出し、ペットボトルの水を配ったという事実が大きなインパクトを与えてしまいました。

ボトルの配布は「水が危ない」というシグナルとなってしまったのです。

説明よりも検査と数値が先行

食べ物や水の問題を振り返り気がつくことは、規制値の意味、そして規制値超えと健康被害がどう関係するのか、といった基本的な解説が行政やメディアから十分になされなかったということです。

全国消費者団体連絡会の阿南久事務局長（現消費者庁長官）が「放射性物質に関する風評被害が懸念されるが、正確な情報さえ提供されれば、冷静に判断できる消費者は増えている。厚生労働省は調査結果を公表するだけでなく、それがどの程度の健康被害につながるのか、分かりやすく説明する必要がある」（日経新聞　3月23日付）と発言したとおりです。

では、リスクの説明、また緊急時のコミュニケーションはどのように行えばよいのでしょうか。次章から詳しく見ていきましょう。

第三章　クライシスコミュニケーションとは何か

図3－1　情報発信する相手

クライシス（緊急事態）のときはリスコミでは足らない

1章、2章の事例でお分かりのように、日本の政府や東京電力には緊急時のリスクコミュニケーションであるクライシスコミュニケーションがありませんでした。

緊急事態は原発事故に限りません。地震の発生、感染症など疾病の拡大、食中毒による死亡など、緊急事態が発生した場合には、憶測や風評による混乱を避けるために、行政や企業は早急に記者会見や説明会などを行い、社会に向けて、的確な情報を速やかに伝達しなければなりません。

健康に影響があるのかどうか。安心してよいのかどうか。そして、どういう行動を取るべきなのか。そういった情報を、海外への発信も考慮に入れ、分かりやすく速やかに伝達する必要があります（図3－1）。

平時においても、緊急時においても、大切なことは、立場の異なる複数の関係者を頭に入れ、冷静に相手の視点に立ち、相手が咀嚼でき

図3－2　平時と緊急時の違い

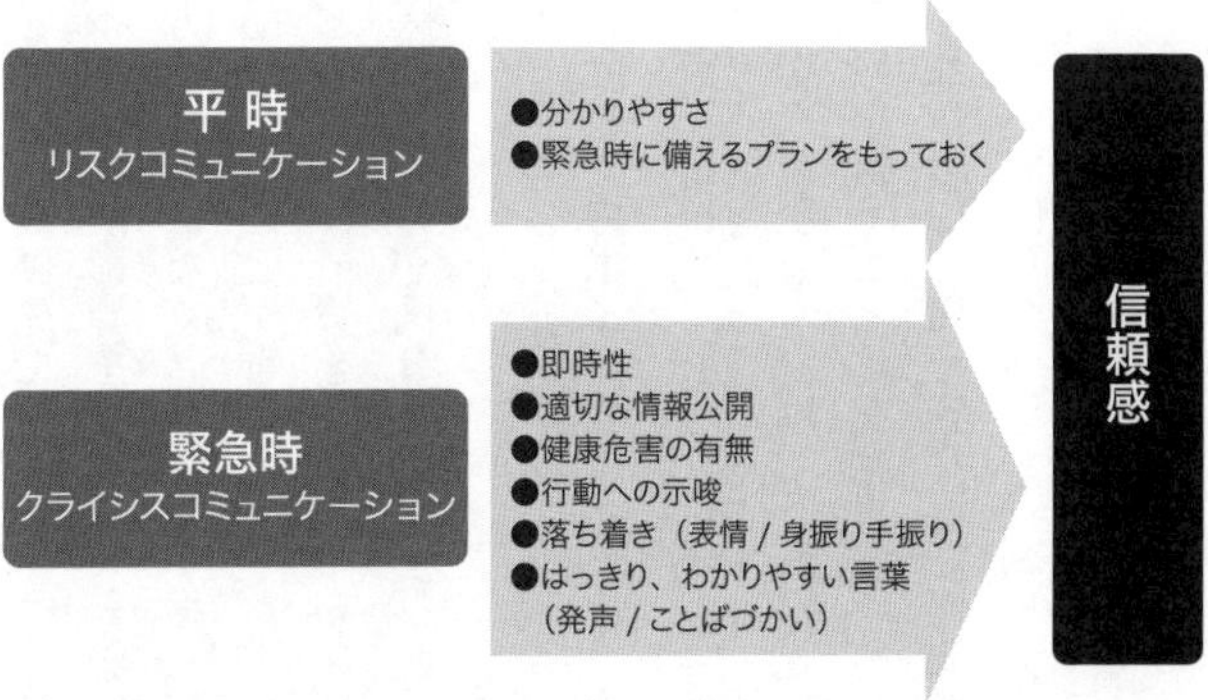

平時と緊急時に共通して重要なのは、「相手の視点に立つ」、「必要とされている情報を正確、迅速に伝達」するということ

る、はっきりとした言葉で、信頼感を得られるように伝えるということです。

平時と緊急時の違いは？

日本で知られるようになってからまだ日が浅いということもあり、リスクコミュニケーションとクライシスコミュニケーションはよく混同されます。前者は平時に行われ、後者は緊急時に行われるものです。東日本大震災時には、この二つが混同されてしまいました。

では緊急時と平時のコミュニケーションでは何が異なるのでしょうか？

「相手の視点」に立って情報を送ることは共通していますが、平時と緊急時では何を優先するか、「優先順位」が異なります。緊急時には「人命」

がとにかく最優先です。

多くの人が影響を受ける大きな事故、センシティブな情報を扱う場合には、特に言葉の選び方だけではなく、身振り手振り、発声や言葉遣いなど、言葉以外のボディーランゲージにも配慮することが重要です。

どのような情報をどのタイミングで出すか、どのようなことに注意を払うべきかを大まかに区別したのが図3‐2です。

記者会見でのポイント

緊急時にはまず記者会見を開くことが必要です。しかし、せっかく記者会見を開いても、不適切な説明をすれば、それが逆に社会とのコミュニケーションを成立させなくなってしまう事態を招くことになります。それを図3‐3にまとめました。

これらのことに十分注意して記者会見を行う必要があります。緊急時の記者会見の注意事項についてはリテラジャパンビデオ集にまとめられ公開していますから、参考にしてください（http://literajapan.com/videogallery/）。

図３－３　記者会見の５つの失敗例

1	数字だけ読みあげ、それがどのような意味かを説明しない （相手の視点に立っていない。一方通行の情報伝達）
2	質問に答えずはぐらかす（不誠実、何か隠している？）
3	説明担当者が何度も変わる（緊急体制が不十分）
4	不安そうに説明する（逆に不安になってしまう）
5	「疲れた」「怖い」などの個人的な感情を言ってしまう

原発事故はクライシスコミュニケーションの失敗

２０１１年に起きた原発事故対応は、クライシスコミュニケーションが適切に行われずに大混乱が起きた典型的な失敗と言ってよいでしょう。クライシス時には、迅速な、そして分かりやすい情報発信が鍵ですが、それが政府からも東京電力からもなされませんでした。

まずは「スピード」（速やかさ）です。

国会の原発事故調査委員会の報告書は、「確実な情報のみを発信する平時の対応を続けたことが、甚大な混乱と被害を引き起こした」と分析していました。この一文が全てを表しています。緊急時には、確実な情報を待っていたら時間がかかり、被害が拡大するかもしれません。その場合にはとにかく早い判断と決断、そして情報公開を常に怠ってはいけません。全体像がつかめるまで情報を発信しないという判断では、時間がどんどん経過していきます。時間の経過は国民に疑心暗鬼を生み出します。分かっていることだけでも断片的に公開していくことが鍵になります。

東京電力に限れば、事故当初からの情報公開への消極的姿勢が社会全体の不信感を募らせ、結果的に何を言っても信じられない、というイメージをつくってしまいました。国会の事故調は「東電の情報姿勢は、確定した事実、確認された事実のみを公開し、それ以外の情報、特に不都合な情報は公開しなかった」と批判しています。

また「政府や国民に意思決定のための情報を提供せず、提供された情報から想像できないような深刻な事態が次々に露見する度に、政府・国民の不信感が募っていった」との報告もあります。

緊急時の指令系統のミス

なぜ、こんな不信感を生んだのでしょうか?

緊急時の指令系統や組織編成に致命的なミスがあったからです。外国から提供された緊急情報をどう扱うのか。その場合、どう住民に避難指示を出すのか。緊急時には人命優先ですが、平時からこのことが考えられていなかったのです。米国からの放射線の汚染地図が原子力安全・保安院と文科省に提供されましたが、保安院の元幹部は「当時は原子炉を制御するのに必死だった。モニタリングは文科省の責任という意識だった」と語っています（朝日新聞　２０１２年6月18日付）。

緊急時の指令系統がちゃんと決まっていなかったわけです。

今回の原発事故時は、その場しのぎの対応が圧倒的でした。国会の事故調査委員会も、事故直後の政府の対応を「場当たり的」と非難しています。3月11日には半径３キロに避難指示、12日早朝にはそれを10キロに拡大、午後に1号機が水素爆発を起こすと、その夜に範囲を20キロに拡大。この避難区域の設定については、当時官房長官であった枝野氏は国会の事故調査委員会で「記憶がない」と語ったそうです。これらの避難指示は「さみだれ式」に出され、自治体にも共有されていなかったと言われています。福島の知事は、避難指示を報道で知ったそうです。

今回の震災では、枝野氏自身も、放射性物質の拡散状況を予測する緊急システムのＳＰＥＥＤＩの存在を知らず、それを知ったのは、水素爆発から数日たった、3月15日か16日であったということが事故調査委員会の報告書にあります。政府はＳＰＥＥＤＩの正確性は避難指示を出すには足りないと勝手に判断し、結果的に一部住民は放射線量の高い方向に避難することになりました。１００億円以上も投じられて作られたシステムが緊急時に機能しなかったわけですから、いかに緊急時のリスコミがなかったかが分かります。その結果、住民や国民への情報提供は常に遅れてしまいました。

平時にできていないものは、緊急時（クライシス時）にもできないということがこれでお分かりだと思います。

手順と段取りも悪かった

安全かどうかに関する情報でも、その説明の手順や段取りにお粗末さが目立ちました。民間の『福島原発事故独立検証委員会報告書』は、政府の発表がどれだけ「アドリブ」で行われていたかを明らかにしています。

海外の大統領、首相レベルには専従のスピーチライターがいて、何をどう発言するかをプロが練るわけですが、日本では首相の会見原稿を作成するのは官僚である首相秘書官だそうです。今回のようなクライシス時では秘書官自身が他の業務で忙殺されますから、発表原稿の作成は二の次になってしまいます。それが情報の公開を遅らせてしまったと報告書にあります。もともと当時の菅首相は記者のぶら下がり取材を敬遠しており、震災以降はメディアからの批判にもかかわらず、それを一貫して断り続けたことも、情報発信の遅れをさらに加速させました。

科学的事実を述べながらも、それがどのような意味を持つかを分かりやすく説明しない、というのも記者会見での悪い例にあたるでしょう。

第1章でも触れましたが、枝野官房長官の「直ちに健康への影響はない」という言い回しにはとりわけ混乱が生じました。さらに、原発事故による放射線リスクが健康に問題を及ぼすものではないことを、飛行機で日本と海外を往復した場合の放射線被ばく量やCTスキャンの被ばく量と比べて説明しましたが、いまひとつピンときませんでした。

飛行機による旅行やCTスキャンは自分で選び取った自発的なリスクであり、プラスの有用性をもっているからです。たとえ同じ程度のリスクだったとしても、海外旅行と原発事故の放射線リスクを単純に同列に説明してはいけません。

事態が刻々と動く中で説明の担当者が何度も変わったことも、大きな問題と言えるでしょう。組織の中で何か問題が生じたのではないか、ひょっとしたら重大な問題を隠しているのではないかと相手に思わせてしまうからです。こうした不信感を招く交代劇を政府も東電もやってしまいました。

政府は、事故翌日の12日に炉心溶融を早々と指摘した担当者を交代させました。しかも、その後の担当者は溶融についてあいまいな発信を繰り返し、初期の段階で国民の間で不信感を生み出してしまいました。東京電力も、東京の本部と福島の現地の2カ所で記者会見を行い、特に初期はその度ごとに説明担当者が変わってしまったのです。

ばらばらの記者会見

緊急事態宣言が出されたとき、国民にとって一番信頼できるのは、政府の記者会見です。ですから、今回の事故でも、多くの人が政府の記者会見の度にテレビをつけたと思います。私もそうでした。しかし、何度見ても、結局、リスクがどれくらいなのかは分かりませんでした。

危機の際には「統一したメッセージ」を「一つの機関」から出す、ということも大切です。そうでないと、どう行動していいのか分からず、国民は混乱するばかりです。政府からの発表は当初、枝野官房長官と原子力安全・保安院の記者会見があり、さらに東京電力の発表は本社と福島の二つがあり、計四つの記者会見がありました。統一がとれていないため、どれを聞いてもはっきりした情報を流しているとは言い難い状況が初期には続いていました。

とりわけ東京電力の記者会見では、下を向いたままで資料をぼそぼそと口ごもって読んでいるような発表が目立ちました。電力業界のトップで、一流企業の東電がどうして、と多くの人が見ていたのではないでしょうか。

なぜ、このような記者会見になってしまったのかといえば、分かりやすく伝える、というクライシスコミュニケーションへの平時からの認識や意識の甘さが出てしまったのではないでしょうか。緊急時には事実を伝えることは大切ですが、それを相手に理解できるように伝えるという意識が必要です。

はっきりと分かりやすい言葉で話すのは当然でしょうが、それ以外にも、顔や体のしぐさや表情、身振り手振りで伝わる落ち着きぶりも大切です。要するに相手を安心させるというクライシスコミュニケーションに大切な要素があまり意識されていなかったのでは、と思うのです。

「海外の原子力の専門家、日本のメディア、そして日本国民が、政府、東電の担当者が明確に迅速に原子力の危機について伝えることができていないことにいらだちを見せている。対立するような情報、曖昧な言い回し、最も基本的な事実を確認することをいつも避け、何か重大な情報を隠しているか、ごまかしているのではないかとの見方を持たれている」、とニューヨークタイムズ（3月16日付）が報じたのも当然でしょう。

ただし、政府側の記者会見を行っていた枝野官房長官は冷静な人との印象は受けました。NHKの報道番組で「とにかく冷静さを保つことが重要でした」と当時を振り返っていましたが、やはり相当意識していたのだなと思いました。当時の菅首相に比べれば、枝野さんの記者会見での話し方は、科学的な説明の不十分さを除けば、言葉は聞きやすく、誠実な印象を与え、まずまずだったと思います。

「直ちに影響はない」

けれども、ここでもう一度「直ちに影響はない」「直ちに人体に影響を及ぼす数値ではない」という言い回しを検証しましょう。安全であるのか、そうではないのか。行動を取るべきか、その必要がないのか。緊急時に伝えなければいけない二つの事項をうまく伝えられませんでした。「直ちに」ではなければ、いつかはその影響が出てくるのか？　といったふうに受け取った人もいたことでしょう。国会の調査委員会も「直ちに」の言いまわしが政府発表への不安を助長したと批判していました。

「直ちに影響はない」と言いながら、政府は4月になってから周辺住民の避難区域を広げています。これは大いなる矛盾です。私は福島県飯舘村の住民から、「なぜ直ちに影響はないと言っておきながら、時間が経ってから私たちを避難させたのでしょうか」という声を聞きました。

枝野氏は、「直ちに健康影響はない」という言い方を、基準値を超える食品の摂取と住民への健康リスクの意味で使ったと言いますが、避難が遅れた北西部の住民被ばくについては、「使い方が正しかったかは分からない」「私が思っていたことと、被害を受けた方の受け止め方の間にずれがあった」と、情報発信が不適切であったことを認めています。

直ちに影響はない、とは、英語に直したら、「No immediate impact.」となります。Immediate でなければ、long-term、長期には影響があるのか、と突っ込みたくなります。食品でも、基準値超えの物を食べたら、今すぐにではなくても、あとになって影響が出てしまうかもしれない、と思うのが普通の感覚でしょう。特に広島や長崎の原爆の後遺症の影響に苦しむ人たちがまだたくさんいるのですから、やはり、この言い方は不用意だったと言えます。

「放射線は体に蓄積する」と誤って考えている人が多いくらいですから、後になって出現するがんのリスクを憶測させる言い方は不適切でしょう。それよりも、自然放射線を出し、どの食品にも含まれている放射性カリウム40など、身近なリスクと比較して伝えた方がより伝わったのではと考えます。

パニックを恐れて矮小化しない

緊急時にはパニックを引き起こさないようにしないといけません。だからといって、深刻さを歪曲する（小さくみせる）ことが不信感を生んでしまう可能性があります。

興味深い調査結果があります。アメリカ政府は2007年に原発事故が起こった際の情報提供について世論調査を行いました。それによると、答えた人は事故の際には「正確な情報を望む」と答えています。「どのような情報が欲しいですか」という問いには、シュガーコーティング（sugar coating）、つまり、深刻な状況を軽く言うことは望ましくない、とアメリカ国民が答えています。そして、家族のために適切な判断を下すために、どれだけ状況が悪いのか、迅速で正確な情報が欲しいと回答しているのです。

人は自分の身は自分で守ろうとするものです。曖昧な情報や、深刻さを軽く発表してしまうことで逆に不信感が募るということをこの調査結果は示唆しています。

当事者に情報がなかった

放射線被ばくからの避難情報に最も翻弄させられたのは、原発の近くに住む人たちです。

国会の事故調査委員会の調査で明らかになりますが、政府や自治体からの避難指示や情報が放射線の影響を最も受ける地域の住民に伝わっていませんでした。

20キロ圏の避難指示が出されたのは水素爆発が起きた3月12日の夜です。しかし、浪江町などの住民は、放射線情報がなく、半数が放射線量の高い飯舘村などに避難してしまったのです。さらに原発から離れた飯舘村、川俣町、南相馬市では、事故の情報を知ったのは、自治体からの情報というのがわずか1割で、半数がメディアやインターネットだったということでした。実際、被災地では数日間、停電が続き、住民がテレビで津波や原発事故の映像を見たのは、首都圏の私たちよりももっと遅くなってからだったということでした。

汚染が広がった飯舘村では

その当時の話を、飯舘村の住民に直接聞きました。飯舘村は原発から北西にあり、30キロ圏から少しはずれたところにありますから、東側の一部の地域を除き、屋内避難勧告の対象にはなっていませんでした。でも実際は、北西方向の風にのって、放射性物質が村全体に飛来していました。

12日の夜は、津波の被害から逃れた多くの浜通り（原発のある福島県の海岸沿いの地域）

の人が飯舘村に避難して来たそうです。原発の水素爆発後、バスで原発の近隣の住民が何百人という単位で飯舘村にたくさん避難してきて、てんやわんやだったそうです。男性は地震で壊れた家の瓦を修理したり、家のことで忙しかったので、女性陣が皆でおにぎりを握って、炊き出しをしたそうです。「大変な目に遭って気の毒なことに」と思って皆で協力してやったのですが、そのうちまた飯舘村からバスで他の避難所に移動していったそうです。「自分たちはまさかそんなに放射線量が高いところにいるとは思っていなかった。孫は雪の降った日に雪で遊んでしまった。もし知っていたら一緒に避難していったのに」と悔みながら話してくれた親がいました。

飯舘村に住む6000人の4割の住民が事故後に村外へ避難していましたが、6割はその地に残って生活を続けていました。しかし、事故から3週間後に村の水道から暫定規制値の3倍以上にもなる約1000ベクレルのセシウムが検出され、取水制限が出されました。飯舘村で一時間当たり10マイクロシーベルト以上が観測されたと環境保護団体なども発表していて、IAEAも高濃度の汚染について懸念を示し、政府に避難指示を広げるように要請していました(ガーディアン 3月28日付)。結局、飯舘村は事故から40日後に「計画的避難区域」に指定され、2カ月後に全村避難が開始されたのです。

このように原発近隣の住民には緊急避難について中央政府、地方自治体からの正確な情報が届かず、飯舘村などの30キロ圏外の地域には村民が自主避難するかどうかを決めるための安全情報が届かなかったのです。

「なぜもっと早く知らせてくれなかったのか」「政府の言うことはもう信じられない」。事故から半年後、わたしは飯舘村のアドバイザーとして復興のためのリスクコミュニケーションのプロジェクトにかかわりましたが、行政や科学者に対する住民の不信感はとても大きいものでした。

海外政府との情報共有の問題

原発事故という重大事故の情報に関して、日本政府が初期の段階で海外政府と共有することができなかったことも、原発事故の収拾に大きな影響を及ぼしました。

米政府は12日午後に最初に起きた1号機の水素爆発から数日経っても詳しい情報が入手できず、日本からの情報の欠如にしびれを切らしていました。このため、無人偵察機を自ら飛ばし、その観測結果から「原子炉が溶融している」と判断しました。オバマ大統領の意向もあって、日本からの情報を待つという姿勢から、積極的に関与する姿勢に変わったわけです（民間事故調の報告）。

そして、米政府は17日、日本に住む米国人に80キロ圏退避勧告を出しました。「その間、日本政府と東京電力は、事故発生後の数日間は米国の助力は必要がないという態度であった」（ケビン・メア『決断しない日本』）というから驚きです。

日本からの情報不足にいらだったのか、米国は独自のモニタリングまで行いました。3月15日には米DOE下のNNSAのスタッフ33名が米国のネバタ州を飛び立ち日本に到着。神奈川県にある米軍の横田基地などから軍用機を飛ばして、17日から19日に、原発周辺の半径45キロを40時間以上飛行して航空機からモニタリングしていたそうです。3月22日、米国エネルギー省はプレスリリースを行い、福島周辺の放射線のモニタリングデータを公表しました（DOEサイト http://energy.gov/situation-japan-updated-12513）。現在、そのときの記録映像がYouTubeに公開されており、男女合わせて30名近くの専門家が多くの機器とともに、軍用機に乗り込み飛び立っていく様子が映し出されています。その観測結果はプレス発表前の18日に原子力安全・保安院に、20日には文部科学省にも伝えられていたと報道されましたが、私たち国民にはそういう真相が全く伝わっていなかったのです。

放射線情報が届かなかった

日本政府は周辺住民の避難範囲を決めるのに、自前の確実なデータにこだわりました。米国のモニタリング地図を見れば、30キロ圏外であるけれども、飯舘村の東では1時間当たり10マイクロシーベルトを超える地域が広がっていることが分かります。しかしこれが日本政府の避難計画に反映されることはありませんでした。

3月30日にはＩＡＥＡのフローリー事務次長がウィーンの本部で会見して、原発から40キロ近く離れた飯舘村の避難を日本政府に促しました。放射線量の高かった飯舘村の長泥地区は30キロ圏内にも入っていないので、屋内退避指示も出されていなかったからです。

文部科学省による航空機モニタリングは25日に開始され、その結果を受けて、ようやく4月22日に高濃度の地域の計画的避難を指示しました。ですから、自主避難をしなかった飯舘村の住民達は場所にもよりますが、比較的高い濃度の汚染がある場所に1カ月間も暮らし続けていたということになってしまいました。

海外政府との情報共有の欠如がいかに大きな損失を生んだかがお分かりでしょう。

海外メディアへの情報発信の問題

海外メディアへの情報提供がほとんどなかったことも大きな失敗だったことを覚えておきましょう。海外の記者への情報の少なさが、めぐりめぐって、日本でのリスク情報の混乱にもつながっていったのです。

震災当初の外国人記者クラブでの政府記者会見の映像を見ましたが、担当官がたどたどしい英語で、「原発事故が起こりました」と言っていましたが、正直言って、この国難時にこれか、とびっくりしました。この政府会見に参加しても、的確な情報が得られないと記者たちが判断したのか、だんだんと集まる記者の数が減っていったそうです。

原発事故は国外にも影響を及ぼすため、海外の記者が情報を求めるのは当然です。記者は情報がなければ記事が書けない。情報がないのであれば、憶測や断片的な情報に基づいて書くしかない。そして、情報が不透明であれば、リスクについては「リスクが高いかもしれない」と、安全側に寄った保守的な記事を書かざるを得ません。

海外のメディアがセンセーショナルになった原因は、外国語での情報提供が、政府からも東京電力からも圧倒的に少なかったのがそもそもの原因と思われます。

当事者である東京電力からは日本語でも情報が限られていましたから、英語での情報はごくごくわずかでした。3月30日になってからようやく、これまで表に出てこなかった東京電力の会長が出席した記者会見がありましたが、それまでは、「Where is Japan's nuclear power CEO?」（東電のトップはどこに?）と、トップによる状況説明の不足が指摘されています（ロイター　3月20日付）。

英国のガーディアン紙（3月17日付）も、「Erratic information from Japan about nuclear crisis creates conflicting advice」（一貫していない原発危機情報が矛盾する指示を与えている）と、政府、学者、各国の大使館がばらばらに矛盾する情報を日本居住の外国人に出しており、混乱が起きていると報じています。その混乱の一因は、東電からの情報不足と書いています。

外国人の国外脱出は情報不足から

外国人が国外に退去した背景には、政府と東電のクライシスコミュニケーションの不十分さがあったことは間違いないようです。人は、情報がなければ直感に頼ります。そして、安全側に立つリスク回避的な保守的な行動をとります。

どこまで安全なのか、いますぐ避難行動を取るべきなのか、安全ならば、その根拠は何か。

クライシス時にはこれらのことを分かりやすい言葉で、しかも正確に、スピーディーに伝えることが最優先されます。日本語の情報が少なかったのですから、まして外国語の情報は相当限られていたと容易に想像できます。

『福島原発事故独立検証委員会報告書』によると、海外の記者たちは、政府からの英語情報がほとんどなかったため、16日に首相官邸の英語版のツイッターでの発信が始まるまでは、原発情報を内閣府国際広報室長の四方氏個人のツイッターからの英語情報に頼らざるを得なかったと書いています。

大地震、大事故が起きてから、5日間もの間、海外向けの公式情報に空白時間があり、海外政府もメディアも個人のツイッター情報に頼ったという事実に驚かされます。

「日本政府と東電からの情報が少なかった。だから各国政府はそれぞれが矛盾するような避難勧告を日本にいる自国民に行った」。ガーディアン紙が批判した通りだったのでしょう。

国際的な影響が大きい重大事故が起きた際のシビアアクシデント（重大事故）、クライシス時の国際広報の体制が、国として全くできていなかったということです。

事故から2年以上が過ぎ、東京にも多くの観光客が戻ってきました。それでも、食べ物が怖いから、という理由で住んでいた東京を離れ、帰ってこない外国人もいるようです。北海道に毎年スキーに来ていた香港の裕福な家族は、北海道でも怖いからという理由で、日本での休暇をあきらめたという話も聞きます。海外にいると、東京という一部の地域はさほど認識されず、東京イコール日本となってしまいます。日本全体が危ういような印象を持ってしまうのでしょう。

ＢＢＣが報じた「グランドゼロ」

海外への情報発信が不十分だったため、海外のニュースには誤解やセンセーショナルな報道も目立ちました。

たとえば、東京都の取水制限に関して、英国ＢＢＣは「Tokyo water works is new ground zero（東京都の浄水所は新しいグランドゼロ）」（3月23日付）というニュースを流しました。ニュースの内容自体はセンセーショナルなものではなかったのですが、ニュースの冒頭と見出しに「グランドゼロ」と、ニューヨークの9・11テロで崩壊したツインタワーの現場と同じくらいに大変なことが起きているかのような想像を駆り立てる見出しを立てました。独ヴェルト紙も「Das Wasser in Tokio wird zur Gefahr（東京の水が危ない。高い放射線値が検出。野菜も汚染。事故を起こした原発では回復作業停止）」（3月24日付）と報じました。これでは東京でも重大な放射線汚染が起きているかのようなイメージを作ってしまいます。

ドイツ公共放送も間違える

ドイツの公共放送のZDFでは連日、放射線量の単位を間違って報道していました。ZDFの3月30日のトップニュースで、「原子力安全・保安院の関係者が5日間現場で作業し、883ミリシーベルトの放射線を浴びた」と報道していましたが、正確には1000分の1の800マイクロシーベルトです。これは大きな間違いです。31日の放送でも、放射線量の単位が間違っており、NHKは海外ニュース紹介で言い直しています。

ZDFは日本のNHKに相当する、ドイツでもっとも信頼されるテレビです。ドイツは原発に対するアレルギーが強く、ちょうど与党のメルケル首相が原発を再開させようとしていた時でしたので、メディアもセンセーショナルに扱ったのかもしれません。

ニューヨークタイムズは、記者が日本に残って現地を取材していましたが、ドイツの新聞記者は東京から逃げだし、遠く離れたところで断片的な情報に基づき記事を書いていたからでしょう。先にふれた『独立検証委員会報告書』でも、「特にドイツの報道関係者の一部はいち早く日本から脱出し、香港やソウルを拠点に恐怖心をあおるような報道を流し始めた」

とあります。

ドイツの高級紙がそうだったのです。ドイツの記者は逃げ出したうえでセンセーショナルな記事を書き、それの反響が日本に戻ってくるという悪循環を呼んだわけです。

こういう原因をつくったのは、日本政府からの情報がわずかだったという背景があります。タイムリーに分かりやすくという、海外を意識してのクライシスコミュニケーションの失敗事例です。

平時に何をしていたか

何度も繰り返しますが、事故が起きる以前の平時に何をしているかが緊急時のリスコミに効いてきます。いくつものクライシスの事例を見てみると、平時にできていないことが緊急時にはより顕在化し、トラブルの深刻化につながっていきます。

これだけ原発が多い日本に、放射性物質の基準値が輸入食品にしかなかったという事実にも驚きました。事故から1週間たった後のホウレンソウの規制値超えのニュースの際に、知り合いの記者とも、規制値がそもそもないとはびっくりですね、と話したことを覚えています。やはり平時の準備がなされていなかった、そう言わざるを得ません。

アメリカでは9・11以降、国家安全保障の問題が注目され、原発へのテロや、様々な想定での備えがなされました。リスク研究という私の学問分野でも、アメリカの同僚のする研究といえばセキュリティーの部分がとても大きくなって、欧州に住んでいた私にはちょっと過剰じゃないかなあ、と映った時期がありました。アメリカの空港でのセキュリティーの堅さにちょっとアメリカに行くのはいやだなあ、という時期が長く続きました。その時期に海外で国防関係の仕事をしていた知り合いが、日本のクライシス対応は社会のインフラを扱う分野でも、業界によってはとても甘いよ、と言っていました。まさにそれが露見してしまったのが今回の事故です。全電源の喪失など、原発のシビアアクシデント対策は各国が平時から力を入れていますが、日本では、事業者の自主対策だったのですから。

平時から事業者がどう準備をしているか。それは、原発事故のように大きなもの以外にも、食品などの事故でも露見してしまいます。事故を起こしたある食品メーカーは、なぜもっと丁寧に記者に説明しなかったのかと問われ、「その余裕がなかった」と説明していました。

食中毒事件を起こした雪印の当時の社長が、記者会見後の記者のぶら下がり取材に「だってね、私は寝てないんだ」と発言したことが記憶にある人はいると思います。もちろん、いったんクライシスが起きると想像以上の負荷がかかり、精神的にも追いやられるものです。

しかし、この不用意な発言は、平時から緊急時の準備をしていて、綿密に現場の情報を把握する仕組みのある企業のトップならば、出てこなかったでしょう。ユッケによるO-157の食中毒事件でも、平時の衛生管理が悪かったことが「焼肉酒家えびす」での複数の死亡事故につながりました。日頃からの管理の悪さが、クライシスを引き起こしてしまったのです。

平時からのリテラシー

放射性物質による汚染についても、平時からの情報発信、リスク情報を読み解くためのリスクリテラシーのあり方が問われます。例えばドイツでの放射線監督官庁であるドイツ連邦放射線防護局ＢｆＳ（Bundesamt für Strahlenschutz）のウェブサイトの「食品と放射性物質」というページでは、食品に含まれる放射性カリウム40の話をトップに持っていっています。ブラジルナッツに含まれるカリウム40が比較的多い話。チェルノブイリの事故の影響で、まだバイエルン州やドナウ川のドイツ南部の森にはセシウムが蓄積されているなどのトピックを取り上げ、放射線についての基礎的情報を社会と共有する情報提供を平時に行っているのです。

日本ではそれが不十分でした。冷戦時代に頻繁に行われた核実験時代のフォールアウト（放射性降下物）によって、実は、食品に含まれる放射性セシウムの量は１９５０年代から60年代にかなり多かった事実などは、事故が起きるごく最近まで一般的に知られていませんでした。ご飯など通常の食べ物を通じて私たちの体に入ってくる自然放射線のカリウム40の話も、普通の人は知りませんから。

医療現場でも放射線教育が遅れている

実は放射線の知識は医療現場でも正確に伝わっていません。

日本はエックス線、ＣＴスキャン、マンモグラフィーなどの検査のための放射線の利用が多い国ですが、放射線の影響については分かりやすい説明がないことが課題です。私は、原発事故が起こる数年前に、医療エックス線のコミュニケーションについて、研究者やお医者さんと一緒に調査をしたことがあります。数件の大きな病院で、医師、放射線技師、看護師など、医療関係者に聞き取りをしました。

その結果、放射線の知識は個々によってかなりばらつきがあることが分かりました。特に若い看護師では、「放射線は体に蓄積する」（正しくは蓄積しません）と、一般人とさほど変わらない知識の方がかなり多いことも分かりました。そして看護師、放射線技師さんからは、

「子供や高齢者など、エックス線の診断や治療に不安な患者さんがいるので、その説明で他の患者さんをケアする時間が少なくなってしまう」という現場の声もありました。また、看護師の方でも、病室から動かすことのできない患者さんのために病室内で撮影するポータブルなエックス線撮影に、自分の健康への不安を感じている方が多かったのです。

そのことから、患者さん、親御さんに放射線のリスクを簡単に説明できる、分かりやすく、イラスト入りで短い時間で説明できる資料が欲しい、という声が多く聞かれました。そこで、共同研究者と、エックス線コミュニケーションのためのサイトを立ち上げました。今は、国立保健医療科学院の環境部で運用されています（サイト→http://trustrad.sixcore.jp/medical）。

このように、放射線は身近にあり、病気の発見などに有用であるにもかかわらず、平時からこういった分かりやすい情報を現場に提供していたとは言えないのです。国会の原発事故調報告書も、医療従事者に行う放射線教育が今でも不十分だと指摘しています。

平時にできないことは緊急時にもできない

緊急時に混乱が起きないためには平時からの準備が大切ですが、どうしたらいいのでしょうか？

具体的には、行動マニュアル、危機時の意思決定の組織体制といったふうに、平時から緊急時プランをもつことが、緊急時に役立ちます。誰が意思決定をするのかを明確にしておくことで、責任の所在が明確になります。スピード重視の際の指示系統も明らかになります。そうでなければ、現場が混乱するだけです。

クライシス管理の基本は、最悪を常に想定して、プランを立てることです。

それには、確固たる方針、それに対応できる組織編成、指令系統の明確化、緊急時の情報発信と、海外を含めた外部の関係者との連絡のあり方まで、大きなものから、細部までを立案しておく。実際の緊急時にはマニュアル通りにはいきません。それでも、普段からそれが考えられているか否かで、緊急時には異なるのです。そして、平時からできていないものは緊急時にはできない。それを身につまされたのが今回の原発事故でした。

緊急時に備えるためには平時からのリスク情報の共有もとても大切です。ドイツなどでは、科学者が一般市民に対して、科学や技術について説明し市民と意見交換する対話型、参加型のリスクコミュニケーションが行われています。平時に行われるリスクコミュニケーションはクライシスコミュニケーションの前提条件として位置づけることが必要です。

リスク情報を共有するためには日頃からのネットワーク作り、関係者間の対話も大切です。

定期的な勉強会やセミナーなど、メディアとのパイプ構築も重要です。こういった普段からの試みが、緊急時にリスクを客観的に説明してくれる第三者とのつながりを作っていくのです。

緊急時に備えるポイント

この章の最後に、緊急時の対応のポイントを整理しておきましょう。

・緊急時には、必要とされている情報を正確、迅速に伝達する
・平時には緊急時の行動マニュアルや意思決定体制を明確にしておき、緊急時に備えること
・過去の記者会見での失敗例を振り返り、準備をすることが重要
・情報の発信側と受け手側、双方のリスク情報の共有化が大切

こういうことを普段から意識して実践しておかないと緊急時にも対応はできません。
では次章で平時に行われるリスクコミュニケーションについて説明しましょう。

第四章　リスクコミュニケーション（平時の対応）

リスコミはリスク評価とリスク管理を伝える

リスクコミュニケーションってそもそも何でしょうか？

リスクコミュニケーション、いわゆるリスコミとは、ある人が別の人に、リスクについて、それが一体「どんなリスクなのか」「どの程度のリスクなのか」そして、「それにどう対応するのか」を伝えることです。リスクコミュニケーションは、科学的な評価とそれへの対応を社会に伝えること、と言えます。

科学的判断（リスク評価）とリスクコントロールのための政策や経営判断（リスク管理）を伝えること、とも言えます。図にするとこのような感じになります（図4-1）。

図4－1　リスク評価とリスク管理

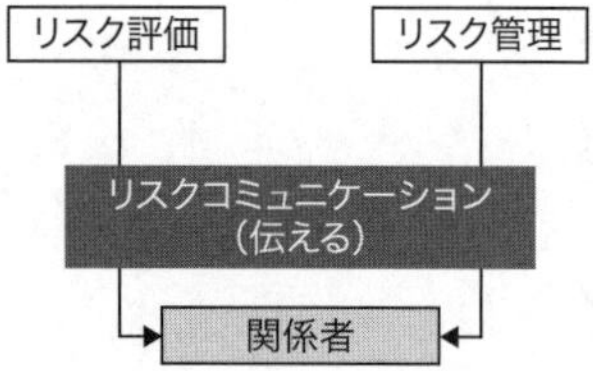

どう説明しますか？

何か難しい感じがしますね。もっと身近な話にしましょう。

例えば、私たちが普段、好んで浴びている太陽の光。これが、実は発がん性があること、そして、それをどう受け止めたらよいのか。皆さんなら、どう説明しますか？
じゃがいもを高温で揚げても発がん性の高い物質ができます。ポテトチップスやフライドポテトに含まれるアクリルアミドという物質がその例です。コーヒーも、わらびも、ピーナッツに生えるカビや一部の食品の焦げまでもが、発がん性物質を含んだり、発がん性物質だったりします。このように普段、美味しいと思って食べている私たちの身近な食べ物には、実は「発がん」と呼ばれるものがたくさんあるのです。

子供たちが大好きなポテトフライやポテトチップスにも発がん性物質が入っているのです。こんなことを知ったら、お母さん方は驚きますね。では、子供たちの健康のために、食卓でイモのてんぷらを揚げるのはやめるべきでしょうか。また、ポテトチップスの流通・販売を禁止にすべきでしょうか。

飛行機でアメリカに飛ぶと、病院で受ける胸のエックス線4回分の放射線を浴びることになります。では、飛行機に乗るのはやめた方がよいのでしょうか。そもそも胸のエックス線の体への影響はどの程度なのでしょうか。不安に思うべきでしょうか？

電力を作ることや使うことで生じる電磁波や低周波音の人体への影響、またナノ物質の安全性などについての研究は進んでいますが、未知のことが多いのが実情です。では、電磁波を出す携帯電話はどうすればよいのでしょうか？メールだけならよいのでしょうか。

ナノ粒子は肌への浸透性がよいと化粧品に好んで使われ、日焼け止めにも使われていますが、安全性のことがよく分かっていないのだから、使用を禁止にすべきでしょうか？　危ない可能性があるなら、なんで規制しないの？　という声も聞こえてきそうですね。

こういった素朴な質問に、皆さんはどう答えますか？

「当社では動物実験とヒトへのばく露量評価という安全性評価の結果、安全と認められたものを製品として販売しています」「使用されている量については、政府の規制値を順守しています」。物を作っている会社であれば、こういったような答えが典型的でしょう。

政府であれば、「食品のリスクについては、内閣府の食品安全委員会が安全性審査をしっかりとやっています。そこで安全との評価を受けて、リスク管理機関の厚生労働省が許可を出しています。こうした安全性審査を経て、安全な製品が世の中に出回っているのです」と説明するのでしょうか。

直観と客観的事実をつなげる

どちらの説明の仕方も間違いではありません。ただ、一般の人には分かりづらいですね。相手に伝えたいことは、相手が理解できるように伝えないと結局のところは伝わりません。

人は往々にして、何が安全で何が危ないかを「直感」で判断します。ただ、本能的直感だけに従ってしまうとそれが客観的事実とかい離し、人は間違った判断をしてしまうこともよくあります。ですから、客観的な事実を直感で腑に落ちるように説明しなければなりません。直感と客観的事実をつなげる作業、一般人の感覚と科学的思考をつなぐ作業、それがリスクコミュニケーションです。

リスクコミュニケーションの考え方は1990年代半ばにアメリカで確立し、それが欧州に広がりました。日本では、2000年に入ってから本格的にその試みが始まりましたが、まだ日が浅いと言ってよいでしょう。ですから、その概念もまだ十分に浸透していませんし、人材も不足しているのが現状です。

リスクアナリシスの要素

リスクコミュニケーションは、リスクアナリシスの一つの要素です。リスクアナリシスとは簡単に言えば、リスクがゼロではないことを前提に、リスクの大きさを正確に評価し、きちんとそれを管理し、リスクの程度を社会に伝えていこうという考え方です。

もっと詳しく見ていくと、リスク評価、リスク管理、リスクコミュニケーションの3つの要素を合わせたものを「リスクアナリシス（risk analysis）」、もしくは、リスク解析、リスク分析と言います。リスクをゼロにするのではなく、リスクを低減し管理していくということの考え方は食品の分野でも１９８０年代にアメリカで確立し、１９９０年代に世界的に広がっていきました。

図４－２　リスクアナリシス

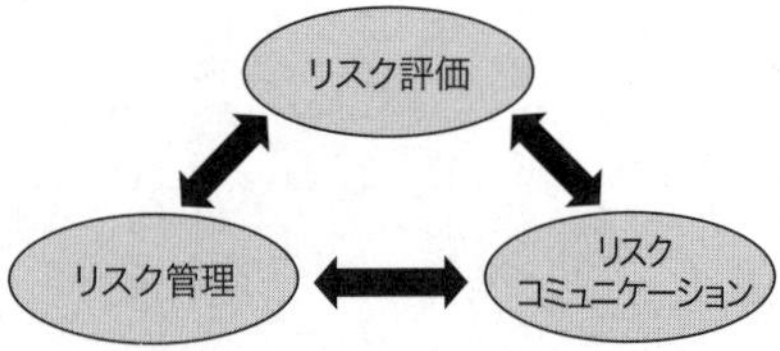

もともとは、リスク評価とリスク管理さえしっかりしていればいいじゃないか、とされていました。それが、リスクコミュニケーションがなければ、いくらリスク評価や管理をしっかり行っても社会に伝わらないではないか、という批判を受けたのです。そして、リスクコミュニケーションが加わった、現在のこのトライアングル型（図４－２）が確立したのです。

欧州や日本でリスクアナリシスの考え方が本格的に導入されたきっかけはＢＳＥです。ＢＳＥは正式には１９８６年にイギリスで発見されました。イギリスでは１９９１年から93年をピークに大流行し、公式発表では、18万頭を超えるＢＳＥ感染牛が報告されています。

イギリス政府は、最初のうちは「ＢＳＥは牛だけの病気で、牛肉を食べたからといって、人が感染するわけではない」と説明していました。しかし、実際は、ＢＳＥの原因であるプリオンがヒトに移行し、変異型クロイツフェルト・ヤコブ病（ｖＣＪＤ）を引き起こすことをイギリス政府は１９９６年に認めました。イギリスでの死者は最近では減少していますが、トータルでは１５０人を超えました。

安全だという説明が結局、ウソだったことが分かってしまったのです。

その背景を探っていくと、中立であるべき科学的評価と、政策決定であるリスク管理が分離されていなかったことが分かりました。つまり、評価と管理を同じ機関が受け持っていたことがＢＳＥへの対応を遅らせてしまったのです。

欧州では、さらに２０００年に入ってから、ポテトフライやポテトチップスに含まれ、発がん性が強く疑われるアクリルアミドが大きな問題となりました。それを受けて欧州連合（ＥＵ）はリスクアナリシスという概念を確立し、組織的にも、リスク評価を中立的に行う専従機関の欧州食品安全機関（ＥＦＳＡ）が２００３年に設立されました。ＥＦＳＡでは、食品のリスク評価を正確に、分かりやすく伝えるためのリスクコミュニケーションも強化しました。

日本でもＢＳＥ問題を受け、２００３年に食品安全委員会が設立され、リスクアナリシス、つまり、科学に基づき安全性を評価し、基本的にその評価に基づき管理し、それを広く社会に伝えるというリスクコミュニケーションというシステム型の考え方が食品安全基本法で正式に採用されました。そして、EFSAと同様、食品安全委員会でもリスクコミュニケーションの担当部署が設けられ、様々な試みが行われています。こうして、少なくとも体制としてはリスクコミュニケーションの考え方が導入されたわけです。

リスコミの目的は多様

では、リスクコミュニケーションは一体、何を目的とするのでしょうか。その目的は、安全情報の伝達から信頼の構築まで、多岐にわたります。しかし、リスコミの目的は、「情報の伝達」だけではありません。最も大切なことは、リスコミの過程を通じて「信頼を構築していく」ことです。リスコミの目的は、大きく分けると「安全性情報の伝達」「意見交換」「相互理解」「責務の共有」の4つがあります（図4－3）。

リスクコミュニケーションする際の重要なポイントは、「安全情報の伝達」でとどまるのではなく、その先の目的を達成していくことにより、「信頼の構築」を得る、ということなのです。また、リスクコミュニケーションは論理（ロジック）に基づきますが、しかし、感情とのバランスも考えながら進めます。ですから、常に論理と感情の微妙なラインを行った

図4－3　リスクコミュニケーションの目的

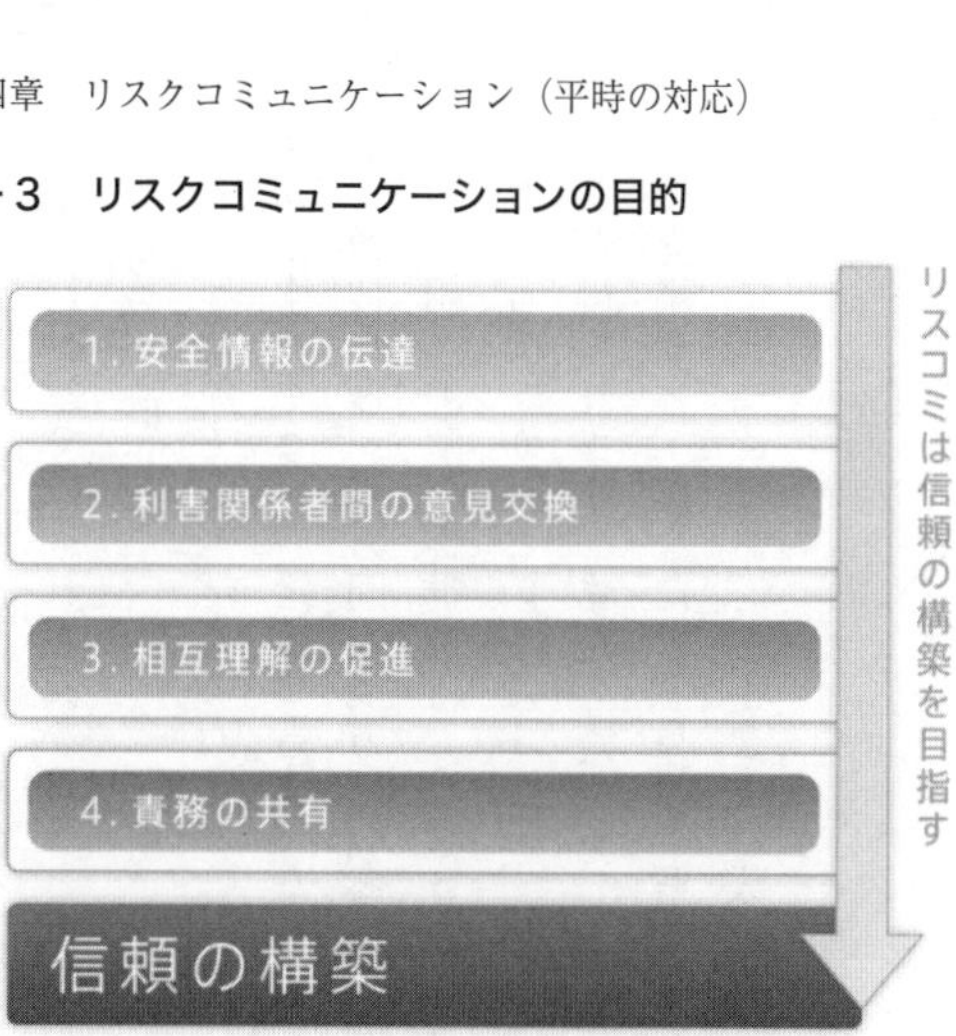

リテラジャパン HPより　http://literajapan.com/rc/index.html

り来たりするものなのです。

リスコミの目的を一つひとつ見ていきましょう。

「安全情報の伝達」とは、安全情報をプレスリリースやウェブ、印刷物、説明会などの手段を通じて相手に伝えることです。これは従来型の方法であり、情報の流れは当事者から相手への一方通行の場合がほとんどです。残念なことに、リスコミの第一歩である安全情報の伝達＝リスコミ、と誤解されていて、この段階で止まってしまっていることが日本の行政や企業の試みで多く見られます。

「利害関係者間の意見交換」は、関係するいろいろな人が、それぞれの考えること、価値観などについて意見を交わすことです。日本でもこの場合の利害関係者は「ステークホルダー」という言い方がされるようになってきています。ステークホルダーの意見や考え方はそれぞれの置かれている立場、目指しているものによっても相当違います。消費者団体、企業、行政ではそれぞれが異なることは当たり前でしょう。同じ会社の中でも部署によっては意見が違い、時には対立することもしばしばあります。しかし、これは多様な意見の中から、「そういった見方も当然あるだろう」「その切り口も面白い」という、「気づき」の機会として大切です。そういった気づきまでたどりつくには、一方通行の情報の流れでは難しいです。一方通行から、双方向、多方向、参加型の流れに転換しないといけません。

「相互理解の促進」は、リスクコミュニケーションに参加することで、「あなたもやっぱりそうですか」といったふうに、自分と同じ考えの人を見つけることができるというメリットが得られます。また、たとえ対立している相手、牽制し合っている相手であっても、「その立場なら、あなたの意見は理解できる」といったふうに、相手の「意見」を受け入れることはできなくても、相手を受け入れることを可能にするのです。

責務の共有までも

そして、その先に「責務の共有」があります。

責務の共有は、これからのリスク議論では特に大切になってきます。それは、安全な社会で安心して暮らしていくには、他人の誰かが安全を保証してくれるのではなく、自分たち自らが安全確保に進んでいかなくてはいけません。それぞれが責任を自覚し、参加者としての意識を共有していくことが大事です。

これまでの日本でのリスク論争では「行政や企業がその責任を果たすべきだ」といった主張が強く、生活者側の責務はあまり強調されてきませんでした。

その背景には、市民が民主主義を勝ち取ってきた欧米との歴史的な違いがあるのでしょう。別の言い方で言えば、日本の行政スタイルは父性的なのです。お上が何とかしてくれるだろう、またお上が問題を解決すべきだという文化です。誰かが解決してくれるだろうという依存型意識から抜け出していないところに日本のリスコミの問題点があるような気がします。そこが、欧米の市民意識と異なるところではないでしょうか。

でも、本当に安全な社会を目指すのであれば、市民も努力し、責任を負うという意識をもたなければいけません。これからの日本社会は「責務の共有」が鍵になってくるだろうと私は見ています。

その典型的な例が原子力発電です。原子力に頼らず、自然エネルギー（再生可能エネルギー）に転換していくならば、電気料金などのコストが大幅に上がるわけですから、生活者一人ひとりが今のぜいたくなライフスタイルを切り変え、その増大するコストを負担していくという覚悟が必要なのですが、実際には、電力会社や政府に向かって「なんとかしろ」と責めているだけで市民側の覚悟はさほど見えてきません。

私の住んでいたドイツの自宅の電力は、自然エネルギーからのものかどうか、選択することができました。自然エネルギーからの電気料金は当然、高かったです。これも、責務の共有、という市民の参加型の選択肢なのです。

また、被災地のがれきを「放射能が不安」と住民が受け入れない問題も同様です。地元にメリットがないから、ということですが、「責務」という視点からであれば話が通ります。

そして一方通行型から、双方向、多方向の参加型のリスクコミュニケーションを通じ、最終的には「信頼の構築」を目指していくのです。

なぜ信頼が大切に?

なぜ信頼がリスクコミュニケーションでこれほど重要なのでしょうか?

それは、皆さんが誰の言うことを信じるかを考えてみると分かると思います。信頼している人、この人は嘘を言わないと思う人、そういった人の言うことは信じますね。リスクコミュニケーションでも同じです。この研究者、機関であったら嘘は言わない。信用できるとされるところからの安全情報は相手に信じてもらえるからです。

　では、皆さんは、どういう物差しで相手が信頼できると判断しますか？

「自分の都合のよいように情報を操作しない」「情報を隠さない」「常に誠実に対応する」ということも信頼確保の条件でしょう。科学者なら社会的な地位や過去の実績も判断材料になるでしょう。でも、やはり、共に時間を過ごす（地道にお互いに議論する）ことで相手のことをよく知ったときに、「この人なら信頼できる」という域に達することが、直観的な判断から言っても、一番重要だと思います。

　リスクコミュニケーションは、そういう地道な過程を経て、信頼感や信頼関係を築き上げていくわけです。そして、最終的には「この人、この組織の言うことであれば、私は信じる」と相手に思ってもらう地点に到達することが目標になります。

リスコミを阻むもの

　しかし、リスクコミュニケーションは理屈でうたわれているようには簡単にはいきません。なぜでしょうか？

一つは、人にはリスク認知バイアスがあるからです。人がリスクを判断するときは、論理ではなく、本能的に判断しがちです。危ないと思ったら、感情的に避けるのが本能です。そういう本能のようなものをもっているのが人間です。ですから、リスコミが必要なのです。一般的に言って、メディア（新聞やテレビ、週刊誌など）はリスクをあおる傾向があります。そういうメディアバイアスがリスコミを阻むことが多くありますから、メディアとのリスコミも今後は重要になるでしょう。

リスク認知

リスク認知バイアスという言葉が出てきたため、ここでちょっとリスク認知について話しておきましょう。

私たちが普通に生活していて、何をリスクと思うか、思わないか。これを「リスク認知」と呼びます。人のリスク認知は本質的には主観で決定され、そのリスクを受容するか否かは利益があるかどうかで決まります。利益（ベネフィット）が損失（コスト）を上回るとリスクを受容する心理作用が働き、コストがベネフィットよりも大きければ、リスクは受容しないということです。

例えば、携帯電話の電磁波が起こす健康影響。確かに電磁波によるリスクはゼロではありません。だからといって、コストのかかる携帯電話の使用をやめる人はほとんどいません。それはリスク（またはコスト）よりも、ベネフィットの方が高いからです。

さらに、人のリスク認知には、同じくらいのリスクでも、そのリスクが強制されたものか自発的なものかで異なるといった特徴もあります。

つまり、そのリスクが見覚えのあるものか、親しみ（なじみ）のあるものか、自分で選択できるものかどうか、倫理的に問題があるかないか、などでもリスク認知は異なってくるのです。さらに言えば、人種、職業、性別でも、リスク認知の反応が違うことが社会心理学の分野で報告されています。こうやって、いろいろな要因でリスクは過大視されたり、過小視されたりするわけです。

リスクの過小視・過大視

人の危機意識は独特です。

車での事故率は飛行機の事故率よりもはるかに高いですが、飛行機の方が怖いと思われています。スキューバダイビングは危険なスポーツです。死亡率が非常に高いのですが、にもかかわらずファンは多いですね。それは、やはり海のきれいなところを見たい。それはその人にとっての「ベネフィット」なのです。だから、リスクには目をつぶろうということがあるわけです。それは強要されるのではなく、リスクを自発的に引き受けるということにも関係しています。登山やスキーも事故のリスクが高いですが、人気のスポーツです。

喫煙も同じです。自分で吸うのは自発的ですから、そのリスクは許容されます。でも、人の吸うたばこの煙はごめんだ、という人はとても多いです。ここでは他人に強要されるリスクは高く感じるという心理状態が働いているわけです。

「隣の○○さんのつくったホウレンソウ」と生産者の写真入りだと、スーパーの陳列棚でちょっと手が伸びやすいですね。それがどこか遠い国からのものだったら、本当に大丈夫かな、と思ってしまう。隣の○○さんの方が科学的に見て安全だということはないのですが、なにか安心する。そういう親しみやすさという要因は非常に大きな要素です。言い換えれば、ベネフィットが高いもの、自発的なもの、親しみやすいものについてはそれらのリスクを大目に見る。過少視するということになるのです。これらのリスクは小さく見積もられるのです。

逆に、過大視されるものも多いです。

遺伝子組み換え作物は、現在の科学的知見では安全だろう（もちろん、流通しているものに限る）と言われています。それでも消費者には不安感を持つ人が多いですね。それは、新規の科学技術に共通していることなのですが、遺伝子組み換えという概念が消費者には未知で、親しみがないからとも説明できます。たばこやアルコールの害は分かっているけれども、自分が好んで摂取し、慣れ親しんでいるから大丈夫。でも、よく分からないもの、身近でないものはやはり不安という心理があるのです。社会ですでに受容されているリスクと、そうでないリスクへの心理は異なるのです。

リスク認知では人の心の作用が大きいということがこれでお分かりでしょう。

リスクの社会増幅

リスクが社会でどう認知されるのか。そういうリスク認知作用の先に「リスクの社会増幅・希薄作用」というものもあります。個人個人のリスク認知は社会状況のありようで膨らんだり、小さくなったりします。実際のリスクが社会の中で大きく見積もられてしまうことを増幅作用と言い、逆に小さく見積もられることを希薄作用と言います。

リスクの増幅や希薄はどのような過程で起きるのでしょうか。あるリスクについての情報量、それがどのように議論されるのか、どのように演出され、どのように社会に伝えられるか、どんなシンボリックな連想を引き起こす語句が使われるか、といった要素によって、リスクが増幅もしくは希薄化されます。

遺伝子組み換え食品、ダイオキシン、電磁波は、リスクの増幅化の例でしょう。希薄化の例は増幅よりもはるかに少ないですが、酒は百薬の長といったイメージがあるせいか、その量にかかわらずお酒＝健康ということで、飲酒自体が正当化されてしまうことがありますが、これは希薄化の例でしょう。肥満や運動不足も、リスクが大きい割には大きく感じられていませんね。

リスクの「社会的増幅作用」は、社会での心理的、構造的、文化的相互作用が大きく影響します。個人や組織の間でどのように情報がやり取りされるかで、真のリスクとは異なる「社会的リスク」が生まれてしまうわけです。

増幅させる要素とは

社会増幅に関しては、多くの研究があります。

情報量、議論の程度と広がり、ドラマチック性、そして、象徴性という、4つの側面が決め手になると言われています。あるリスクについて、どれだけの情報があるのか（情報量）、それがどのように人々の間で議論されるか（議論の程度と広がり）、どう演出され、どう社会に伝えられるか（ドラマチック性）、そして「きのこ雲＝原爆」というような、リスク伝達においてシンボリックな連想を引き起こす語句が使われているか（象徴性）、がリスク増幅を左右します。

テレビや映画、コマーシャルを想像してください。怖い場面にはおどろおどろしい音や冷たい感じが出る色、悪い人相の登場人物。幸せな瞬間には軽やかで心がなごむ音楽、そしてピンクや薄い色で幸福感を表現する。そこに、幸せそうな家族、子供や動物を登場させる。視聴者に直接見せるのではなく、想像させる効果音、色彩、キャラクターがうまく使われますね。

リスク情報伝達経路には、マスメディアと非公式な個人間のネットワーク（クチコミのこと）の2つがあります。特に前者のマスメディアについては、事故を含めた科学技術、もしくは、その技術の開発・管理にかかわる組織、科学者、企業、政府機関について、時にはセンセーショナルな報道を何度も繰り返すことで、社会でのリスク認知や世論が左右されると言われています。後者のクチコミは、現代ではツイッターやブログなどがその役割を果たすでしょう。

リスク心理とメディアバイアス

「チェリーピッキング（cherry picking）」という言葉を聞かれたことがありますか？ 和訳で「サクランボ狩り」、つややかなサクランボを採ることです。メディアは読者の興味を引く記事を書くために、「チェリーピッキング」をして、ストーリーにうまく合うような根拠を取捨選択して記事に引用します。もしくは「携帯電話は発がん性ありか？」のようなちょっとびっくりさせるような見出しをつくったりします。そうすれば、どれどれ、ちょっと読んでみようかな、という気になりますよね。

なぜメディアは恣意的にこういったことをするのでしょうか。それは、リスクを大げさに伝える記事の方が注目を引くからです。過剰なリスク伝達は読者や視聴者の不安、恐怖感、つまりリスク認知に密接に関係しています。

例えば、火災による死者数や火災件数などの数字や情報は常に私たちの周りにあります。でも、それだけではニュースにはなりません。記者は注意を引く物語を作りますから、「ストーリー」のない火災件数などの数字は全然ニュースにしません。

その代わり、同じ火事でも、社会的弱者である子供が関係するもの、意外なもの、未知のもの、権力者の不正や倫理が関係するものは大きなニュースになります。話が分かりやす

表4－4　リスク認知とリスク価値

人が不安に思うこと（リスク認知）	ニュース価値
・恐怖をあおる ・人工的（自然でない） ・強要される（自発的でない） ・コントロール不可能 ・選択肢がない ・子供に関係する ・未知のもの ・世の中での関心の高さ ・自分に起きると感じるもの ・リスクベネフィットのトレードオフがない（リスクばかり） ・不信感（信頼がない）	・意見利害が対立 ・受け手の関心をくすぐる ・予想外である ・暗い話題である
（出典）Ropeik and Slovic 2003	（出典）渡辺真由子 2007

く、「え！」「へー」「ひどい！」と、読者の感情に訴え、共感を呼ぶかどうかが記者たちの関心事なのです。ストーリーは数字よりも分かりやすいので、記者たちはストーリーを重視します。

記者たちのニュースづくりは、人々のリスク認知にとても連動しています。表4－4にまとめてみました。

こうして並べて見てみると、人が不安に思うこととニュース価値が一致していることが分かりますね。こうしてリスクが小さい「グレー」のものがリスクの大きい「黒」になっていくのです。

このようにリスコミがうまくいかない理由の裏には、人の本能的な心理と独特の危機感覚、そして、その心理をうまく利用してリスクを増大する傾向のあるメディアのリスク増幅機能があることが分かりますね。これらはなかなか強固で、簡単に変えることはできません。いまは情報社会です。いろいろな情報デバイス

（情報機器）が次々に登場するだけにリスコミはますます難しくなっています。

しかし、だからこそ、リスコミをしっかりやって、誤った方向に行きがちなリスク情報を補正しないといけないのです。次章でリスコミでよく見られる誤解から、さらにリスコミのあり方を考えていきます。

第五章　リスコミでよく見られる誤解

なぜ、リスコミはうまくいかないのでしょうか。その要因はいろいろあるでしょうが、リスコミでよく間違えられている3つのことを知っておくことが大事です。

一つは「リスク＝危険」と訳されることです。たとえば、「○○にリスクがあります」と相手に説明すると、「じゃあ危ないのですね」という反応が返ってくるのが普通です。リスクとは「好ましくないことが起きる可能性」のことですが、実は、それを分かりやすく、的確に表す日本語訳がありません。「危険」とか「危険性」とか訳される場合が普通ですが、これが誤解を生むもとだということを知っておきましょう。

二つめは、発がん性の意味がよく誤解されることです。たとえば、スイス・ジュネーブに本部のあるＷＨＯ（世界保健機関）が、「○○という物質は発がんグループ２Ｂに分類されました」と発表すると、メディアは「○○は発がん性あり」と報道しがちです。同じ発がん性といっても、その強さや証拠のレベルはいろいろです。なのに、一言で「発がん性」と報じてしまうのは、大きな誤解を生むということをメディアの人はぜひ、知ってほしいですね。

三つめは、「天然または自然のものは安全だ」という誤解です。もちろん、天然だからといって、安全なわけではありません。

では、これらの誤解を解説していきましょう。

「ゼロリスク」はなぜない？

そもそも「リスク」とは何でしょうか？ リスクとは好ましくないことが起こる可能性です。私たちが普通に生活する中で「リスク」はどこにでもあります。道を歩いていても、部屋の中にいても。ですから、ゼロリスク、つまり「１００％安全」というものはないのです。

全てのリスクがゼロの状態、それはすなわち生命が活動していない状態を指します。ただ呼吸をするだけでも、体内で活性酸素が発生するわけですから、いくぶんかのリスクがあるのです。

もちろん、どの食品にもリスクはあります。もし食品のリスクをゼロにしようとしたら、食べられるものがなくなってしまいます。したがって、食品のリスクを評価する際には、リスクがゼロではないことを前提としなければいけません。

リスク＝危険ではない

冒頭でも言いましたように、そもそも「リスク」という言葉の解釈に多くの誤解があるのです。

一つは和訳の問題です。リスクは「危険」と訳されがちですが、日本語では「危険」という言葉は、「危害因子」や「危険度」のどちらも指します。しかし、危害因子と危険度は相当に違う種類のものです。危害因子（英語でハザード）は「定性的」な話、危険度であるリスクは「定量的」な話です。危害因子があっても、それをどれだけ取るかで、またどんな取り方をするかでリスクの大きさが変わってきますから、危害因子があるからといって、「危険がある」とか「リスクがある」とか言うことはできません。

一つ例を挙げましょう。多くの皆さんが好んで飲まれるお酒、アルコール飲料は発がんの危害因子（有害因子）です。でも、そのリスクがどの程度になるかは、どの種類のお酒か、どれくらいの量か、摂取方法や飲む人の遺伝的背景によって決まります。特に摂取量の部分が大きいのです。でも、お酒は適量であれば逆に体に良いとされますよね。適量であれば血行を良くするから体に良い、一方、飲みすぎると害になります。一気飲みの急性中毒などは、皆さんご存じのことと思います。

そうすると、リスクの大きさは、ざっくり言うと、左のような式になります。

リスク＝ハザード×ばく露量・摂取量（食べたり吸ったり、接触したりした量）

図5－1　リスクの大きさ

つまり、リスクの大きさは、主としてハザードの「強さや性質」と、ばく露する「量」やばく露する「方法」や「遺伝的背景」によって決まるということです。ばく露は、何かを食べたり、吸ったり、皮膚に触れたりすることを指す専門用語です。

お酒の例を使うと、図5－1のように、少量飲むことはリスクが小さい（低い）、多量に飲むことはリスクが大きい（高い）と説明できます。

リスクとハザードの違いをここであらためて整理すると、

・リスク＝好ましくないことが起こる可能性、危険度

・ハザード＝好ましくないことを起こす原因となるもの、危害因子、有害性

です。

図5-2　ハザードとリスクの区別

●お店で売られているたばこはハザードです。喫煙すればリスクになります。
●アルコール飲料はハザードです。多量の飲酒は大きなリスクになります。
●飛行機でアメリカに飛ぶと、胸のエックス線4回分の自然放射線を浴びることになります。

上記の例の場合、リスクをゼロにするためには、

ということになります。つまり、今の私たちの生活に支障をきたす部分も大きくなるのです。

繰り返しますが、リスクはあくまでも好ましくない事態が起きる「可能性」です。リスクとハザードは2つの違うものなのですが、どちらをも「危険」と訳してしまっているので、リスクと聞いたら危険なのでしょうと、混乱が起きてしまうということなのです。

太陽光線や放射線も確かに、発がん因子です。しかし、そのリスクはやはり量やばく露方法（摂取の方法）次第なのです。そして、太陽光線は骨の形成には有用ですし、放射線も、医学の分野ではなくてはならない存在です。

ハザードとリスクの区別をもう一度イラストで説明すると図5-2のようになります。

これらのことから、安全な生活と環境を維持するためにゼロリスクを目指すのではなく、まずは「リスクの程度を科学的に評価し管理していこう」という、「リスクアナリシス」の考え方が生まれてくるのです。

次に、ＷＨＯの発表する発がん性の意味が誤解される

ことを説明していきましょう。

発がん性とは？

ＷＨＯの下部機関である国際がん研究機関（ＩＡＲＣ）はがん研究の国際協力を進める機関です。発がん性の科学的根拠（エビデンス）を国際的な専門家グループで評価する作業を行い、それが、ＩＡＲＣモノグラフ、という文書にまとめられて発表されます。ＩＡＲＣの評価委員は世界各国の専門家から構成されており、複数の論文（科学データ）を評価し、その物質が発がん物質かどうか、どの程度の科学的根拠があるのか、という結論を出します。このモノグラフが、それが発がん性物質かどうか、どのカテゴリーに入るかどうかを決めるものですから、いつもＩＡＲＣの結論に国際的な注目が集まります。

ＩＡＲＣ発がん分類リストとは何か？

発がん報道ではよく引用されるのが、このＩＡＲＣの発がん分類リストです。しかしこれが誤解される原因でもあります。少し説明しましょう。

ＩＡＲＣで行われる有害性評価の結果は、その発がんの科学的根拠の強さで1から4まで分類されます。どのように評価するかというと、人への影響を見る「疫学《えきがく》（集団を対象とした疾病の研究）」と「動物実験」との結果に基づいて、発がんハザードであるかを確認するのです。その評価委員は世界各国の専門家から構成されていて、複数の論文（科学データ）を評価し、その物質が発がん物質かどうか、どの程度の科学的根拠があるのか、という結論を出します。人への影響を見るというのが最終目的ですから、動物実験と疫学の研究結果で違いがある場合は、人への影響を見る疫学の研究結果が優先されます。

そうして導き出された発がん因子の分類リストを分かりやすくまとめて見た例が表5‐3です。

この表にあるように、グループ1、つまり発がん性があると明らかに分かっているものには、太陽光線や、食べ物のこげ、お酒まで入っています。グループ2からは、「発がん性がおそらくある」「発がん性の可能性がある」と、その確からしさの表現が変わっていきます。実は、この分類は、それが「どのような科学的根拠の強弱で発がん物質とされているのか」、その科学的確からしさに基づいて行われ、発がん性の強さは考慮されません。

つまり、このＩＡＲＣのハザード分類が示すのは、「発がんの根拠の強弱（定性）」だけだという点です。「発がん性そのものの強さ」を示しているのではありません。明らかに人に

表5－3　IARCによるヒト（人）に対する発がん性リスト

グループ1 発がん性がある	●放射線 ●タバコの煙 ●アルコール飲料 ●ダイオキシン ●アフラトキシン（ピーナッツなどに発生するカビ） ●ベンゾピレン（一部の食品のこげやタバコの煙） ●太陽光線　ほか
グループ2A 発がん性が おそらくある	●アクリルアミド（じゃがいもを高温で揚げたもの） ●ディーゼルエンジンの排ガス　ほか
グループ2B 発がん性の 可能性がある	●わらび ●コーヒー ●超低周波［ELF］磁界（送電線や家電製品から生じる） ●携帯電話からの電磁波　ほか
グループ3 発がん性について 分類できない	〈省略〉
グループ4 たぶん人の発がん性の 可能性がない	〈省略〉

対する発がん性があると科学的に証明されているのは、グループ1だけなのです。

さらに、グループ1にある物質でも、その摂取イコール「がんになる」というわけではないのです。

けれども、このリストに分類されるとどれも「発がんあり」といったふうに報道されることが多く、誤解のもとになっています。たとえば、2011年に携帯電話の電磁波の発がん性の評価について、IARCは「2B」と発表しました。これは単に、「発がんの可能性がある」という発がんハザード物質に分類されたということです。しかし週刊誌は「ケータイでがんになる」といった見出しを立てて不安感を煽りました。ではグループ2Bに分類されたということはどう解釈したらよいのでしょうか?

グループ2Bとは?

2012年3月現在、グループ1には107物質、2Aには63物質、2Bには271物質、発がん性が分類できないというグループ3は509物質、たぶん発がん性がないというグループ4には1物質（カプロラクタム）があります。

明らかに発がん性があるグループ1には、図に挙げた以外にも、食品では中国式塩漬け魚（中国の一部地域で食べられている魚の塩漬け）、工業製品ではベンゼン、ホルムアルデヒド、紫外線ではUVA、UVB、日焼けマシン、化石燃料ではコールタールや石炭、職業関係というのもあって、これにはアルミニウム製造業、鉄鉱石採掘、塗装業、ゴム工業、製材業などが入っています。

グループ2Aには、熱いマテ茶、環境や職業では、日焼けランプの照射、工芸ガラス製造に従事すること、美容・理容に従事すること、シフト勤務などが含まれます。

グループ2Bには240種類くらいの物質があります。コーヒーやわらび、ニッケル、鉛など、日常生活で接したり、食べたりするものも多いですね。さらに、職業として、大工・

建具作業、ドライクリーニング、印刷作業、服飾製造業も、2Bに分類されています。こうやって改めて見ると、もしそれがなければ、日常生活に支障をきたすものが2A、2Bにたくさん含まれています。

どうやって決まる?

化学物質は我々の身の回りに無数にあります。IARCは国際機関ですから、その評価の優先物質も、先進国、途上国ともに有益なものから選んでいるということだそうです。つまり、先進国だけを想定して評価しているわけではありません。IARCの分類に入っていない物質も、たくさんあるのでしょう。

さらに、このグループ分けは、科学的な知見で変わってきます。

明らかに人への発がん作用を持つというグループ2Bに分類されていた甘味料のサッカリンは、15年にも及ぶ研究の結果、グループ3の「分類できない」に分類されたことはよく知られています。これは、ラットで実験をしたところ、大量摂取で明らかに膀胱がんができましたが、ラットと人間ではメカニズムが違うだろうということで再度研究が行われました。その結果、ラットの膀胱にはサッカリンの結晶ができていて、それが膀胱の粘膜を刺激してラットに膀胱がんができたということが分かりました。人間では結晶ができませんでした。ラットと人間の尿にアルカリ性か酸性かの違いがあって、結晶ができなかったということだったのです。これは、動物実験データをそのまま人間に当てはめる、いわゆる外挿《がいそう》の難しさを示しているとも言えます。

また、ダイオキシンの分類の際には、グループ1にするか2Aにするか、意見が委員の間で相当分かれて、少しの差で結果的には「1」になったのだという話も聞きました。関係者によれば、2Bには、白か黒かではよく分からない、かなりシロに近いグレーの物が分類されるとも聞きます。WHOやIARCが発がんと決めたなら、それが最終判断のように聞こえますが、WHOのリスク評価でさえも、一般が思っているほどすべてが白黒はっきりしているわけではありません。

2Bをどう解釈したらよい？

「たとえるならば、グループ1に分類されているものはヒトのがんの原因になることが分かっている、いわば『犯人』で、グループ2Aはかなり疑わしい、クロに近い灰色のもの、グループ2Bはあまりしっかりした証拠はないが容疑はある、完全にシロとは言い切れないので今後も捜査対象にするもの、グループ3はとりあえず無罪放免、といったところです」

「グループ2Aはヒトでのデータがそれほど明確ではないけれども動物実験で発がん性が確認されていて、同じメカニズムがヒトでも起こるだろうと考えられている物が相当し、2Bは確実ではない疫学データしかないか、動物で発がん性があるけれどもそれがヒトに当てはまるものなのかどうかよく分からないものが相当し、この二つのグループにはかなり大きな違いがある」ということです。

「念のため」に注意しておこうという場合には、その意味があるのはせいぜいグループ2Aまででしょう。

リスク評価に詳しい畝山智香子さんの『「安全な食べもの」ってなんだろう?』からの引用です。他の科学者が言葉を濁すところを明快に書いています。

2Aと2Bのニュアンスの違いはとても微妙です。IARCの分類ではそれぞれ、グループ2Aはおそらく発がん性がある（probably carcinogenic）、2Bは発がん性の可能性がある（possibly carcinogenic）と英語で表現されています。

英語のprobablyとpossiblyのニュアンスですが、probablyはそれが起きる可能性として7割か8割くらい、possiblyだと3割から4割という感じでしょうか。もちろん、前者が6割という人も、後者が2割という人もいると思います。不確かなものを表現するのですから、ざっくりと幅の広い話になってくるのです。

ＩＡＲＣはリスク評価しない

関西学院大学名誉教授でＩＡＲＣの評価作業に携わっていた山崎洋さんは、「ＩＡＲＣの評価をそのまま受け入れるのではなく、ワンクッションおいて解釈すべきです。ＩＡＲＣはリスク評価をしていないことを念頭に置き、その国のリスク評価機関からのメッセージを理解し、ご自身でリスクを判断するひとつの基準にすべきだと思います」と述べています。

ここまででリスクの誤解が少し整理できましたか？ もう一度、おさらいしておきましょう。

・リスク＝危険、ではないこと
・ＩＡＲＣの発がん分類は発がん「リスク」について言っているのではないこと

をしっかり押さえてから説明する必要があるのです。

「天然は安全」という誤解

もう一つ、よく私たちが誤解しがちなことは、人工的なもの（または合成品）には害があって、自然なものには毒がないという勘違いです。

でも、多くの食べ物がアレルギーを引き起こすアレルゲンとなっているように、天然のものにも有害物質が含まれているのです。

例えば、発がん性があるとされる硝酸塩。硝酸塩は野菜にも多く含まれています。この物質自体は無害ですが、体内で亜硝酸塩に変化すると、メトヘモグロビン血症や発ガン性物質であるニトロソ化合物の生成に関与する可能性があると指摘されています。

野菜をゆでると「あく」が浮かび上がってきて、これをすくって除きますよね。ゆでたり、水にさらしたり、野菜を絞ったりすることで、野菜の彩りをよくすることと同時に、硝酸塩を減らしているのです。わらびなどの山菜のあく抜きも同じことです。

天然vs.人工のリスク比較

リスクは他のリスクと比較して初めて、その大きさが分かります。

図５－４　食品や食品添加物、残留農薬における暴露マージン（MoE）

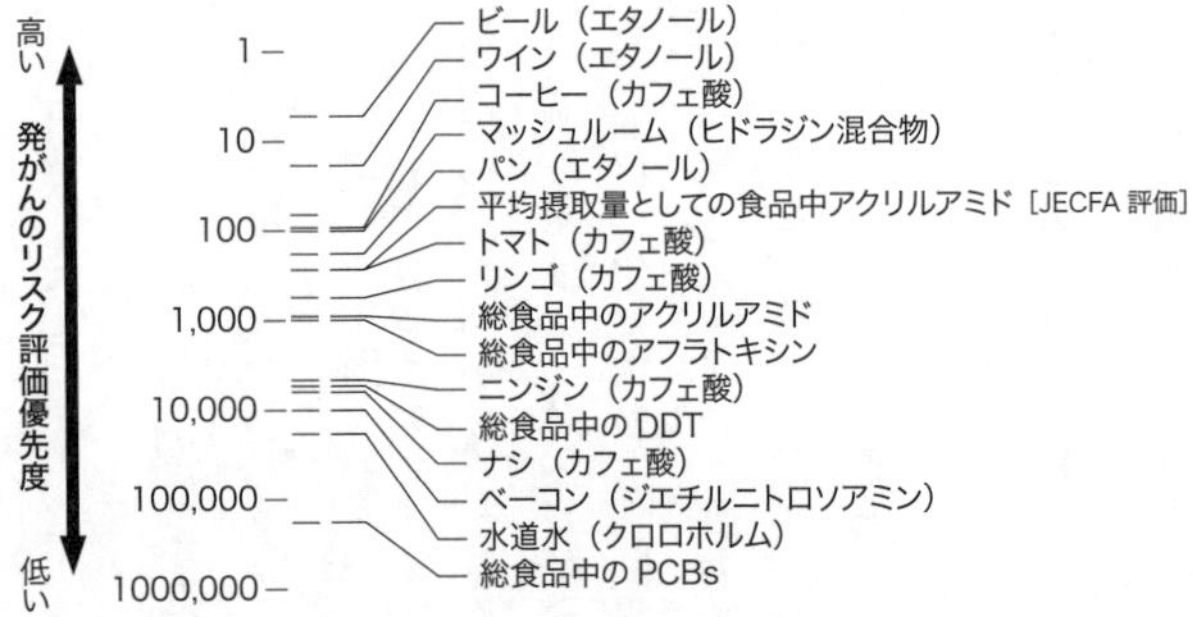

リテラジャパンHPより http://literajapan.com/handbook/02.html#s02

ですから、例えば食品のリスクでは複数の化学物質のリスクを順位づけし、比較する考え方が重要になってきます。そのひとつがＭＯＥ（Margin of Exposure）という考え方です。日本語では「ばく露マージン」と訳していますが、分かりにくいですね。ちょっと簡単に解説すると、実際に人が摂取している化学物質の量が、毒性のない量（または最小の毒性量）に比べて、どれくらい多いか少ないかを表す相対的なリスクの大きさのことです。図５‐４に示しましたが、表の中の数字が小さいほど発がんリスクが高いわけです。アルコールやマッシュルーム、ポテトフライ（アクリルアミドという物質が含まれる）など通常の食べ物のリスクがけっこう高いことが分かるでしょう。

「自然だから無害で健康に良い」という考え方がいかに非科学的かが分かりますね。

この図で分かるようにトマトやリンゴなど野菜や果物も、ごくわずかとはいえ、発がん性リスクがあるわけですが、だからといって、トマトやリンゴなどを食べないと逆に健康を害してしまいます。食物繊維や各種ビタミンが豊富に含まれるからです。それらの食材を避けると逆に健康を害してしまうので、どちらのリスクを重視するかを冷静に考えないといけません。これが「リスクのトレードオフ」です。野菜にはベネフィットもあるわけですから、「リスクとベネフィット」も比べる必要があります。

このように様々な勘違いや思い込みが、安全情報の伝達に混乱をもたらしています。

実は、もう一つ、リスコミを阻むものがあります。メディアによるリスク増幅です。次章で「メディアバイアス」を検証していきましょう。

第六章　メディアとリスク増幅

メディアに対するみなさんのイメージは、どんなイメージでしょうか。

メディアは二面性をもっています。

一つは、メディアは権力に立ち向かい、不正を暴いたり、危機やリスクに警鐘を鳴らす役割です。これはいわば正義の役割ですね。例えば、日本におけるアスベスト対策は欧米の国々より遅れを取っていました。２００５年、アスベスト被害に関し、５００を超える事業所で労災があった実態が毎日新聞によってスクープされ、事業所名の非公表という方針を、国が変更せざるを得なくなりました。最近でも、印刷所での胆管がんの発生など、弱者が泣き寝入りするのはおかしいと、メディアがその実態解明に向けて世論を引っ張っています。こういうメディアの役割には大いに期待したいですね。

もう一つの側面は、科学技術のもつ不確実性や化学物質の小さなリスクをセンセーショナルに伝え、過度の不安をあおっているという負の役割です。一面的なリスク報道によって、ゼロリスクを要求する感情論が世論を形成してしまうことがありますが、これはメディアの影響といえるでしょう。原発事故ではこの負の側面が風評被害につながっていったのです。

「リスクがゼロでないとやっぱりいやだ」という感情は、特に日本で強いように思います。海外で長く生活してきた私だから、より敏感に気づくのかなと自分では思っています。そういうゼロリスクの感情は、日本の「ゼロリスク」報道と密接に関係しているのではないでしょうか。

根拠のない不安報道や、偏った健康情報に惑わされているようでは、私たちの健康は維持できません。そこにメディアのリスクコミュニケーションにおける主体的役割を期待したいのですが、残念ながら、正確な事実はなかなか伝わらず、「メディアバイアス」がリスクコミュニケーションにとって大きな阻害要因になっています。

では、メディアの問題点を細かく検証していきましょう。

ゼロリスク報道

「ゼロリスク」報道が日本で激しくなった最初の時期は、1990年代後半からでしょう。この時期に、ダイオキシン汚染（いわゆる環境ホルモン問題）、遺伝子組み換え作物といった未知のリスクへの懸念が広がりました。そこに、2000年以降になってから、企業への信頼を失わせる、雪印という一流企業の食中毒事故とその子会社による偽造事件、行政への不信を増加させるBSEの発生などが立て続けに起きました。

2000年代後半には、大手食品企業による消費・賞味期限切れの原材料の使用、化学物質の混入がありました。「ペコちゃん」の不二家、老舗の赤福、石屋製菓の「白い恋人」による賞味期限の改ざん、船場吉兆の産地偽装、伊藤ハムが使っていた地下水にシアン化合物が混入されていたなど、とにかくものすごい数の「不祥事」が注目され、メディアに書かれました。同時期に、中国で作られた冷凍ギョーザに農薬が混入されていた事件、工業用に流通していた米が食用に流用されていたといった事件も起きました。

事故と事件が同列に書かれた

これら一連の報道では、「不祥事」とひとくくりに報じられましたが、故意かそうでないか、悪意があったものかどうか、一つひとつのケースは相当違います。同じ問題でも「事件」と「事故」ではかなり異なるはずですが、同列に扱われてしまったケースが多くありました。

中国製冷凍ギョーザ事件を除けば、基本的にはどれも健康への影響はなかったのですが、メディアはみな同じように報じていました。

多くの場合、事故が発覚した後の企業の対応の悪さが問題になりました。記者会見での経営者の不誠実さ、対応の甘さが露呈してしまったケースも多々ありましたね。しかし、企業の対応がよくないという倫理の問題と、その企業が生産している製品の安全性に問題があるかどうかは、本来は別の話のはずですが、メディアの報道ではいっしょくたになってしまったのです。

この結果、賞味期限などの印字ミスがあった場合ですら、メディアから「隠していたんだろう」とたたかれるのを恐れ、健康に全く問題ない製品がすぐに回収されるという悪しき習慣が2007年から生じてしまいました。大量の食品が回収され、破棄処分される事態が日常的な光景となってしまったのです。企業がメディア報道を「先読み」して、過剰に安全側に立った行動をとるようになったせいです。

テレビの健康情報のバイアス

ゼロリスク報道が増えてくる90年代後半にはいわゆる「健康番組」も増えました。

2000年以降はそれが過熱化し、健康ブームやアンチエイジングという生活者の関心をうまくつき、どの食べ物が健康に良いか悪いか、白か黒かという単純な構図をあおるテレビ番組が視聴率を稼いでいました。寒天、ココア、グレープフルーツなど、「○○によい」と取り上げられた食品が、翌日にはお店で品切れになる状態が続きました。

しかし、健康情報番組をリードしていた関西テレビ制作の人気情報番組「発掘！あるある大事典」が、「○○によい」と、納豆やレタスなどの食品の健康効果に関する実験データを捏造し、放映を繰り返していたことが世論の批判を浴び、ついに番組は終了しました。

最近でも、日本テレビが2012年4月25日に放送した番組「news every.」が失態を演じました。この番組は「食と放射能　飲み水の安全性」を取りあげたのですが、飲料水を販売する企業の顧客として、この会社の経営者の親族を登場させ、水道水への不安を訴える発言を放送しました。これが、放送倫理・番組向上機構（BPO）から放送倫理違反として厳しく指弾されました。

食の分野だけではなく、医療や環境保全などの分野においても、偏った報道やメディア情報が多く見られます。

なぜ、安全や健康情報に、このようなバイアス（偏った、一面的な情報）が伴うのでしょうか。

メディアの作るストーリー

その大きな要因は、メディアがニュースに「ストーリー」を求めるからです。

放射性物質によって子供が危険にさらされている。だからお母さん達が行動を起こす。女性や子供が出てくる話は読者や視聴者の共感を得やすいですね。交通事故では毎年4000人が亡くなり、自殺者は3万人です。しかし、数の多さよりも、共感や心の動かされるストーリーがメディアの中心となります。そうでなければ、ニュースは無味乾燥なものばかりになってしまいますね。ですから、メディアは真実や全体像を伝えるというよりも、おもしろい「ストーリー」に合った素材を選び出し、それをうまく組み立てて、共感を呼ぶニュースを伝えているわけです。

こういったメディアの側面は何も、今に始まったわけでありません。ニュースをメディアが追うのではなく、「メディアがニュースを作る」ということは、近代社会の成立時から言われていることなのです。

メディアバイアスには、世論の熱しやすく冷めやすい感情もからんできます。

メディアは世間の関心が高い時にはそれを集中して伝えますが、関心が薄れてしまうと、いくらその内容が社会的に重要でも、報道しなくなってしまいます。何かのトラブルが発生した時には「危ない」と書くのですが、少し時間が経って、「そうでもなかった」と分かったときには、ニュースにしてくれません。「よく調べたらやっぱり安全でした」というニュースはあまり見たことがありませんね。安全な話はストーリーにならないからです。

とりわけ日本のメディアに顕著に見られるのは、海外発の情報が偏っていることです。海外からの一次情報は、通信社や大手のメディアであれば、海外にいる限られた数の特派員を経由して日本に届きますが、そうすると、正確性のチェックがどうしても緩くなってしまいます。ですから、日本でそれが実際に記事になった際に、報道内容があいまいになっていたり、全体像が伝わっていなかったりすることがよく見受けられます。

ドイツの基準値の誤解

例えば、低線量の被ばくに関するニュースでも、これが見られました。

放射線リスクの分野でよく「一般人の年間の被ばく線量の上限は1ミリシーベルト」という言い方が出てきます。これについて欧州のＥＣＲＲ（欧州放射線リスク委員会）という団体は「1ミリシーベルトを主張するＩＣＲＰ（国際放射線防護委員会）の主張は信頼できない。被ばくは限りなくゼロにすべき」と主張していますが、このＥＣＲＲの主張をニュースで知った人はおそらく相当な不安を感じたのではないでしょうか。

しかもＥＣＲＲは、年間被ばく限度を0・1ミリシーベルトよりも低く設定することを勧告しています。さらに別の団体であるドイツ放射線防護協会（Die Gesellschaft für Strahlenschutz e.V.）というグループは、食品のセシウム量の上限値を1キロ当たり8ベクレルにすべきだと主張しています。これらの数値は科学的な根拠のあるものではありませんが、ニュースではあたかもそれが信頼できる数値かのように報道された例もあります。

こういうニュースで混乱していると感じるのは、これらの組織の位置づけです。ICRPは国際的に認められている組織である一方、ECRRはあくまで任意の組織です。どちらが信頼できるかといえば、当然、ICRPです。

事故報告書でさえ、『独立検証委員会報告書』では、ICRPとECRRが全く性質の違う組織であるのにもかかわらず併記されていました。

また、ドイツでの放射線の監督官庁は連邦放射線防護局（BfS）です。ドイツ放射線防護協会は、1990年に設立された民間組織で、公的機関ではありません。

ドイツ放射線防護協会が8ベクレルを主張していることに関して、「環境意識の高いドイツの基準は8ベクレル」とある女性誌に書いてあったように、あたかもドイツ政府が8ベクレルを設定しているかのような誤解に満ちたニュースもありました。

国際的な放射性物質の規制値や基準値は、いくつかのウェブサイトなどに分かりやすい比較があります。混乱を避けるためにも原典にあたることや正確な情報を載せている情報源にあたることが大切ですが、こういった基本的な作業がメディアの現場で重要視されていないというのは残念なことです。

ちなみにドイツ政府は、食品に含まれる放射性セシウムの量が1キロ当たり600ベクレルを超すと法的な規制（600ベクレルが市場介入値）を発動させ、流通を禁止します。日本は100ベクレルですから、ドイツのほうが緩いのです。EU（欧州連合）のセシウムの一般食品の基準値は1250ベクレルですから、日本がいかに厳しいかお分かりですね。

GM食品とリスク増幅

では、偏ったメディア報道はどれだけ世論に影響を与えているのでしょうか。本当にメディアの影響は大きいのでしょうか。メディアバイアスと世論のリスク認知について考えてみましょう。

まずは遺伝子組み換え（GM）食品について調べてみました。

日本ではGM食品への消費者の抵抗感が強いですが、消費者の意識調査と、新聞報道の関連性を調べました。その結果、何らかの相関関係があるということが分かったのです。

メディア報道がほとんどなかった90年代前半に比べ、90年後半からはGM食品関連のメディア報道が急増し、人々のGM食品に対する支持は減少しました。数字を挙げてみると、主要な新聞を含む24紙が1997年には625件の組み換え食品ニュースを流していましたが、2001年には923件に増え、2002年も705件と多くの記事が書かれていました。メディアでのGM食品についての取り上げ頻度と消費者のネガティブな意識には図6

図6－1　メディア報道とGM支持の相関関係

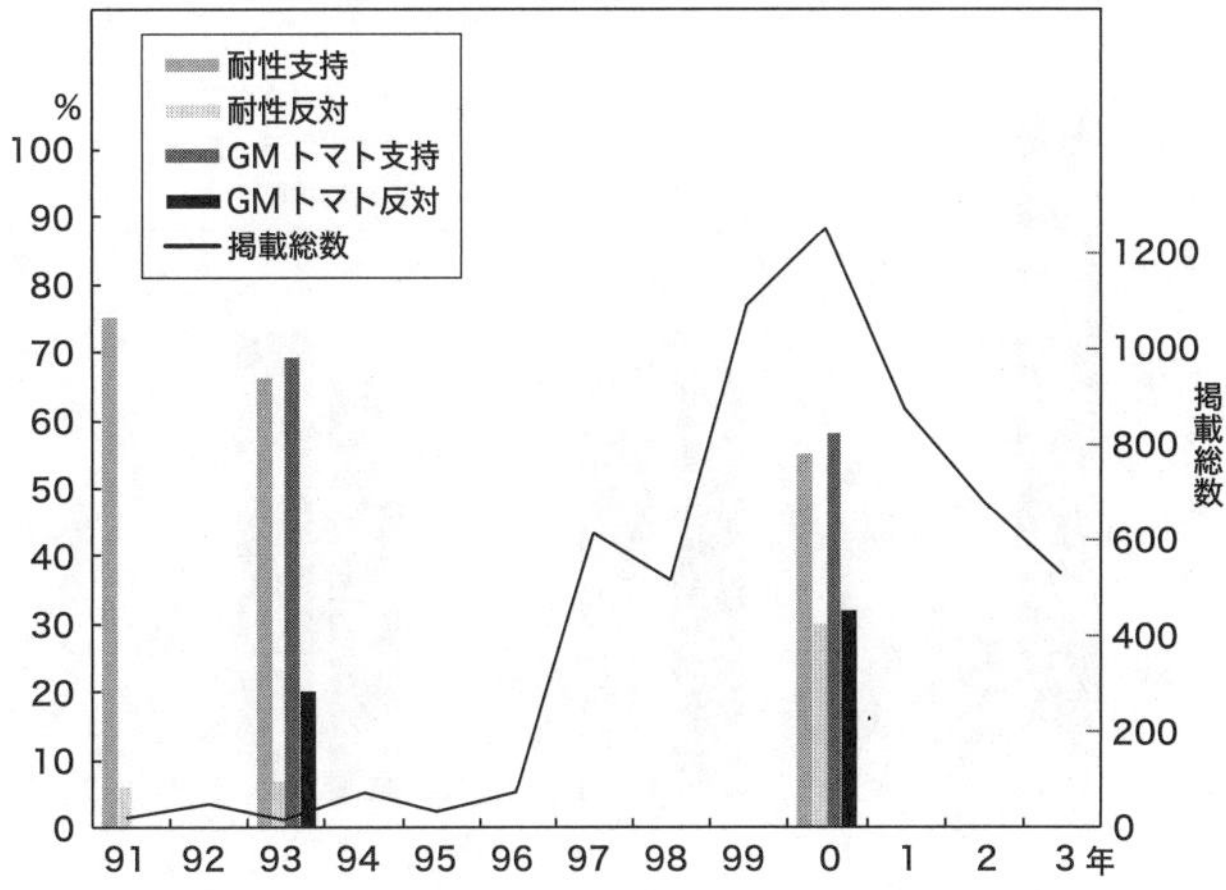

（出典）西澤真理子『科学技術社会論研究』

‐1のような連動性が見られます。

朝日新聞と毎日新聞に限ってみても、1996年から2001年の間に書かれた記事の約8割は遺伝子組み換え食品について明らかにネガティブもしくはややネガティブな情報を流していました（図6‐2）。メディア報道が組み換え食品のリスクを実際以上に増幅させて社会に伝えたことが示唆されました。

BSE報道にも偏り

BSEについても似たような傾向があります。BSE対策の要は「全頭検査」と長年誤解されてきたのも、メディアの影響が大きいと見ています。

図6－2　朝日新聞と毎日新聞でのGM食品の報道傾向

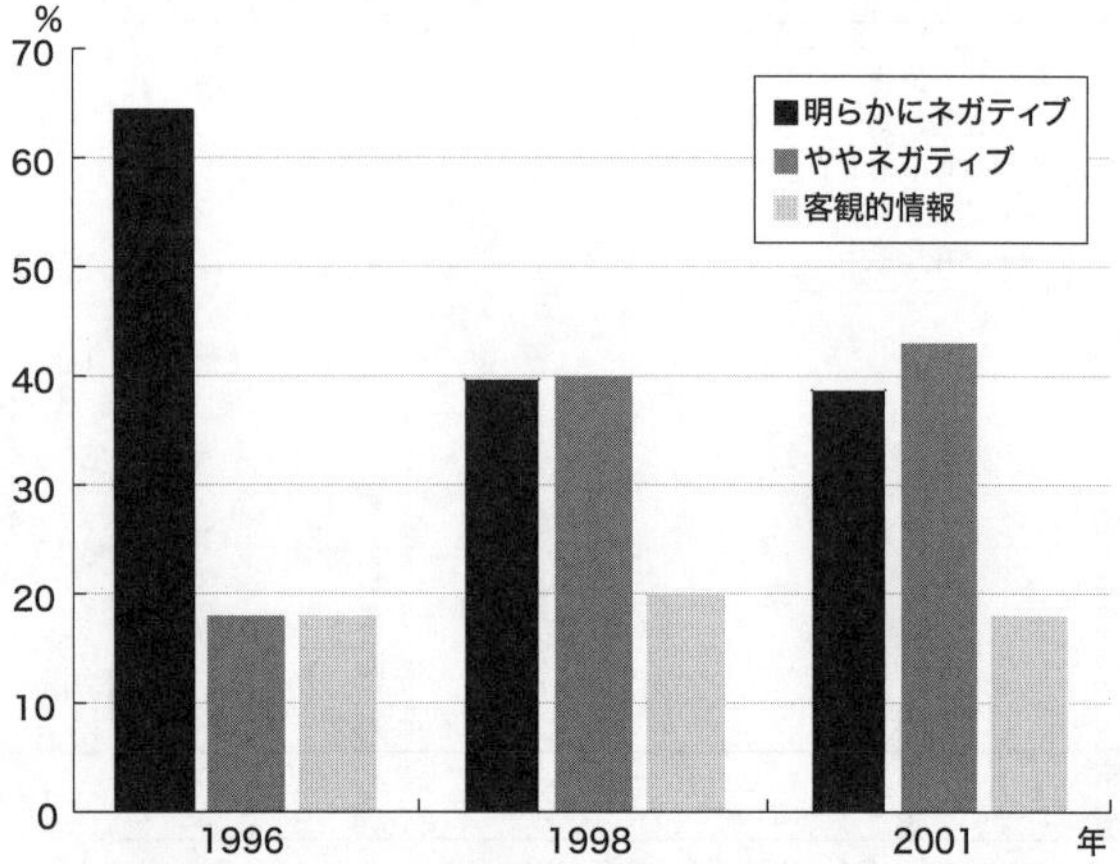

（出典）西澤真理子『日本リスク研究学会誌』

例えば、朝日新聞は、

・「日本は英国の轍《てつ》を踏まぬよう、全頭検査を間違いなく進めなければならない」（２０１１年10月23日付　窓・論説委員室から）

・「狂牛病の安全対策として18日から始まった「全頭検査」をパスした牛の枝肉が19日朝、各地の食肉市場でせりにかけられた。いわば安全のお墨付きを得た肉の登場となる」（２０１１年10月19日付社会面）

・「一片の安全宣言などより、愚直に検査を実施して、消費者の信頼回復に努めるべきだ。まず、全頭検査をきちんと軌道に乗せることだ」（２０１１年10月18日付）

といったような記事を書いてきました。これを見ただけでも初期報道とリスク認知には何らかの関連性があると私は思っています。

ところで、数年前、行政の主催するＢＳＥのシンポジウムに参加するために来日した欧州の研究者と話しました。「欧州ではＢＳＥはもう全く話題になっていない。なぜ日本でまだこういう議論をするのか」と、あきれ顔で逆に聞かれてしまいました。

日本でも２０１３年７月から、全頭検査はようやく終わりましたが、この無駄な政策は10年も続き、税金の無駄遣いをしてしまいました。

私が特に問題だと思うのは、こういったおかしなゼロリスク政策を取ってしまうと、海外からは「日本は非科学的な判断をする国、非関税障壁を平気で作る国」との評判が立ってしまうことです。海外の目をもっと意識しないといけません。

メディアバイアスの結果

ＢＳＥ問題を振り返ってみると、「リスクをゼロに」という考え方は結果的に尊い人の命をも奪ってしまうという事態を引き起こしました。

２００２年、国内で４頭目のＢＳＥ牛と認定された牛の検査を担当した北海道の保健所の

20代の若い女性獣医が自殺した事件です。ＢＳＥ牛を見抜けなかったことを悔やんで自殺したとされていますが、メディアの注目を浴び、大きなプレッシャーがかかる現場で精神的にストレスが蓄積していたということです（吉川泰弘著『獣医さん走る』）。消費者へのリスクよりも、まず獣医師が死んだということが日本的な現象ですね。

同じように２００４年に日本で鳥インフルエンザが発生した際にも、特に関西方面でパニックが起き、養鶏所の経営者夫婦が首をつって自殺しています。これも狂騒的なメディア取材が一因といえるでしょう。

リスクの大きさが正確に伝わらないためにリスクがゆがんで伝えられ、その結果、どこかにしわ寄せが行ってしまう例です。

メディアはリスク情報を取捨選択して社会に伝えていますが、その情報は必ずしも信頼できるわけではないということなのです。

「発がん」報道ではリスク全体が伝わらない

不安をあおる情報では、リスクの全体像を伝えていないケースが圧倒的に多いですね。その原因のひとつは、記者の恣意的、もしくは、勉強不足による論理の飛躍が大きいようです。

その典型的な例が「発がん」という問題にかかわるときです。

大手メーカーの花王が販売していた食用油「エコナ」がその良い例です。

花王が体に脂肪が付きにくいと販売していた特定保健用食品（いわゆるトクホ）の食用油「エコナ」は、ハザードとリスクが混同されて報道されたのです。２００９年９月、新聞の一面に「エコナが発がんの可能性」という記事が載り大騒ぎになりました。

なぜ騒ぎになったかというと、エコナにグリシドール脂肪酸エステルという物質が含まれていて、これが体の中で発がん性の恐れのあるグリシドールに代謝されるのではないかという疑いがあったからです。

メディアの報道で「危険」という声がどんどんとエスカレートし、とうとう企業は「安全だけれども、安心のために」という理由で販売を自粛しました。エコナは年間２００億円の売り上げがありました。現在では、再販売に向けての安全性の審査が行われていますが、まだ再販売のめどが立っていない状況です。

エコナはドイツがきっかけ

実は、このグリシドール脂肪酸エステルの話はドイツが発端でした。日本のメディアが報じる半年前、ドイツの食品安全委員会にあたるＢｆＲ（ドイツ連邦リスク評価研究所）が２００９年3月10日に発表した「意見書」というリスク評価書（Stellungsnahme）があります。これがきっかけでした。

日本のメディアによれば、この文書は「リスクを低減するために、乳児用ミルクに含まれるグリシドール脂肪酸エステル含有量の低減を業界に対して求めた」ということですが、大事な文言が抜けていました。

この文書をドイツ語の原文で読んでみました。そうすると、「植物油に含まれるグリシドール脂肪酸エステルを出来るだけ低減するために、ＡＬＡＲＡ（アララ）主義に沿って、すべての手段がとられる必要がある」とあります。私はこれを読んで、日本のメディアが書いていることは事実とは異なると感じました。

ドイツの発表が理解されなかった

ドイツの発表文書が正確には理解されていなかったわけです。この文書には三つの重要なことがあります。一つは低減の対象は「乳児用粉ミルク」ではなく「食用の植物油全般」であるということです。

二つ目は、この文書の法的な位置づけです。問題の発端となったこの「意見書」は、リスク評価書であり、実際の行動、つまりリスク管理手段を促す法的拘束力がありません。この文書は英語では「opinion」です。あくまでも、ＢｆＲの現時点での科学的リスク評価の結果表明です。確かにこの文書の最後を読むと、ＢｆＲは業界にグリシドール脂肪酸エステルの低減を求めています。しかし、あくまで科学的な知見に基づく意見表明なので、あとで「不適切な行政指示だった」と言われても、業界から訴訟を起こされるような性格のものではないということです。このことは日本のメディアに全く理解されていなかったように思います。

当然ですが、いまもグリシドール脂肪酸エステルはドイツでも、ＥＵでも、どの国においても規制されていません。ＢｆＲの文書はまず第一歩の「初回」のリスク評価ですし、その中で、ＡＬＡＲＡと勧告しているように、あくまでも業者に対しての注意喚起と自主努力のお願いだったのです。

三つ目がこのＡＬＡＲＡ（アララ）です。

ＡＬＡＲＡとは何でしょうか。

ＡＬＡＲＡというのは、「可能な限りできるだけ低く（As Low As Reasonably Achievable）」という考え方です。この Reasonably（リーズナブリー）というところが実は曲者で、「正当性がある」「理にかなって」というところです。経済的、労力、時間などの様々な要素を考慮しなければならないという注釈です。何が何でも、というほどの緊急性があるものではない、というメッセージです。

ですから、ＡＬＡＲＡの一言があるかどうかでニュースのニュアンスが変わります。ドイツ語原文では「グリシドール脂肪酸エステルを可能な限り減少させるため、ＡＬＡＲＡ主義に沿ってあらゆる努力がなされるべき」とありますが、英訳にはＡＬＡＲＡという記載がありませんでした。

ＢｆＲの発表文書の英訳版には、この部分が訳されていなかったので、日本のメディアには伝わらなかったと言えます。私が聞いた範囲でも、ドイツ語原文にあたった記者は誰もいませんでした。ドイツ語の原文をあたらなければ、「アララ」という低減をめぐっての「留保条項」には気づかないでしょう。

ただし、日本の担当官庁である厚生労働省からは、ドイツ語原文の和約版が発表されていて、その和訳版を見たところ、確かに「ＡＬＡＲＡ原則に沿って」と書いてありました。ただ、それが何を意味しているのか。その意味合いがどこまで日本で正しく解釈されたのかは疑問です。

「ＡＬＡＲＡ」はリスクの分野では扱いに苦労するやっかいなフレーズです。ＡＬＡＲＡはリスク管理の分野の専門用語で、因果関係がはっきりしないのでPrecaution（プリコーション)、つまり「念のため」にできる範囲で対策を取りましょう、事業者であれば自助努力して下さい、ということを意味します。この「微妙な」ニュアンスは、リスク分析の知識がある程度ある人でなければ気づかないです。

ドイツではなぜそのまま飲ませる?

BfRは3月に出されたリスク評価書に続き、4月30日に一般向けにQ&Aを出しました。それを読むと、「グリシドール脂肪酸エステルが含まれていても、乳児用ミルクはこれまで通り乳児に与えるように強く推奨する」と書いてあります。

なぜでしょうか。

いくつか理由があります。まず、グリシドール脂肪酸エステルはごく一般的な食用油にも含まれるからです。これは、油の精製過程で生じる副産物です。油製品に含まれ、特にパーム油に多いことが知られています。ですから、私たちの食べている多くの食品に含まれていることになります。

また、グリシドール脂肪酸エステルが体内ですべて代謝され、発がん性のグリシドールになったとしても、ポテトチップスなどに含まれているアクリルアミドと同じ程度のリスクとされました。

こういった理由から、ドイツのＢｆＲは、新規の化学物質のリスクと、粉ミルクを避けることのリスクを比較して、「そのまま飲ませるように」としたのです。代替品がありませんから、逆に粉ミルクを飲ませないことで赤ちゃんが栄養不足になるからです。

新規リスクは身の回りでたくさん

このように私たちがこれまで食べてきた食品の中には、ある程度時間が経ってから、神経毒性や発がん性が分かった例はたくさんあります。

油やクッキー、ナンプラー（魚醤）などの醤油には３‐ＭＣＰＤという、神経毒性のある化学物質が多く含まれますし、高温で揚げたでんぷん質、ポテトフライ、ポテトチップスやかりんとうなど、いろいろな食品に発がん物質のアクリルアミドが入っていると分かったのも２０００年以降です。

欧州ではこれらの物質が大きな問題になりました。とりわけ、アクリルアミドです。私はこの時期にドイツにいたので、鮮明に覚えています。アクリルアミドでの一連の騒ぎが、２００２年から２００３年にかけて欧州にＥＦＳＡが設立されるきっかけになりました。

日本では農水省がメーカーに指導という形で取り組んでいて、加工食品に含まれているアクリルアミドはずいぶんと低減されたということです。

従来の食品の中に含まれる新たな有害物質は他にもたくさんあります。古くは80年代には「マギー」という長年愛されている定番固形スープなどにも３‐ＭＣＰＤが含まれていることが分かり、海外食品大手メーカーのネスレはその精製法を変えた、とドイツの専門誌にありました。こういったことは、科学の進歩や検査機器の検出精度が上がれば出てくる話であって、特段驚くべきものでもありません。

欧州での関心の低さはなぜ?

全体としてはグリシドール脂肪酸エステルのリスクは、ドイツでもほとんど問題にならず、イギリスなど、ドイツ以外の国では全くと言っていいほど話題になっていませんでした。欧州の食品安全委員会のＥＦＳＡでも、このリスク評価に取り組んでいません。

実は、エコナの問題が起きた時に、私はたまたまドイツにいました。日本から「ドイツでは大騒ぎでは?」という問い合わせがあったので、ドイツ・シュトゥットガルト大の研究室のボスや研究者に聞いてみました。同僚の反応は「?」でした。ベルリンにある規制官庁であるBMELV（ドイツ連邦食糧農業消費者保護省）に聞くと「その物質は聞いたことがないけれど、何ですか？」と逆に聞かれ、説明に困ってしまいました。

BfRの担当者にも問い合わせると、「業界にはあくまでも自主的な削減を求めているだけだ。BfRが3月に文書を出す前に業界との対話を行っています。業界をこらしめようと、急にその文書を出したわけではない」と語ったのが印象的でした。

欧州のリスク評価機関のEFSAにも問い合わせましたが、やはり「その物質は何？」という反応がほとんどでした。リスク評価がないのですからもちろん、規制もないのです。そしてこの話は、ドイツでも一般には全くと言ってよいほど知られていない話です。あくまでも、業者レベルでまずは低減していこうという話です。ドイツの消費者向けの雑誌なども読んでみましたが、油に入っている汚染物質の話題はほとんどが3-MCPDで、グリシドール脂肪酸エステルはほとんど話題になっていませんでした。

「欧州で懸念」という表現の問題

もちろん、問題にならないからよいというわけではありません。リスクを比較した場合、優先して取り組むべきテーマが他にある。ですから、グリシドール脂肪酸エステルは行政が取り組むべき優先順位が低いということだったのです。例えばイギリスでは子供の肥満の問題が大きいですし、各国によって優先課題が違います。

日本のメディアでは、「欧州では懸念が広がって」「欧州では問題が指摘されて」と、多くのメディアが書き、一面や社会面で報道されましたが、私にはとても違和感がありました。

「発がん性を持つとの懸念が欧州を中心にある」という漠然としている言い方だけれども、人を不安にさせるのには十分でしょう。しかし、突っ込んで考えると発がん性とはどの程度の発がん性なのか、リスクの大きさが伝わってこないです。「懸念がある」「波紋が広がる」といっても、どの程度の懸念なのか、ニュースからは分からなかったのが正直なところです。

リスク評価の結果の「懸念」なのか、規制が行われようとしているくらいの深刻なものなのか。「波紋」とは、世間一般が既に騒いでいるものなのか。「欧州で」といっても、ブリュッセルの欧州委員会だけなのか、どの国を指すのか、それもよく分からない。それでも、この言い回しは人を不安にさせるに十分です。

記者が現地に足を運んでいれば、本当のことが分かったでしょうが、そういう記者はいませんでした。海外発の情報には、「本当かな？」と疑ってみる、少しの注意が必要でしょう。

エコナの実際のリスク

では、エコナの実際のリスクはどの程度だったのでしょうか。

エコナに含まれていたグリシドール脂肪酸エステルは、通常の粉ミルクに入っていた量や一般の油に含まれている量よりも、実際に、数倍から10倍程度多かったことは事実です。しかし、グリシドール脂肪酸エステルがグリシドール（発がんグループ2A物質）にすべて体内で変わったとしても、MOEで見ると、その「ワーストシナリオ」のリスクはポテトチップス程度だということです(図6-3)。もっとこの事実をメーカーが丁寧に説明していたら、これほどの騒ぎにはならなかったのではないかと思います。

グリシドール脂肪酸エステルはパーム油に多く、パーム油はカレーのルーを含め、多くの食品に使われています。グリシドール脂肪酸エステルの含有量はエコナには多かったのですが、ドイツで問題となった粉ミルクを始め、他の食品は問題になりませんでした。「エコナのリスクはポテトチップスと同程度」とは、そうするとポテトチップスやポテトフライが危ないというのか、となってしまう可能性があり、他社への遠慮があって言えなかったということもうかがえます。

リスクは他のリスクと比較しなければ理解されにくいので、これは痛かった点です。エコ

図6－3　食品や食品添加物、残留農薬における暴露マージン(MoE)
(2010年現在)

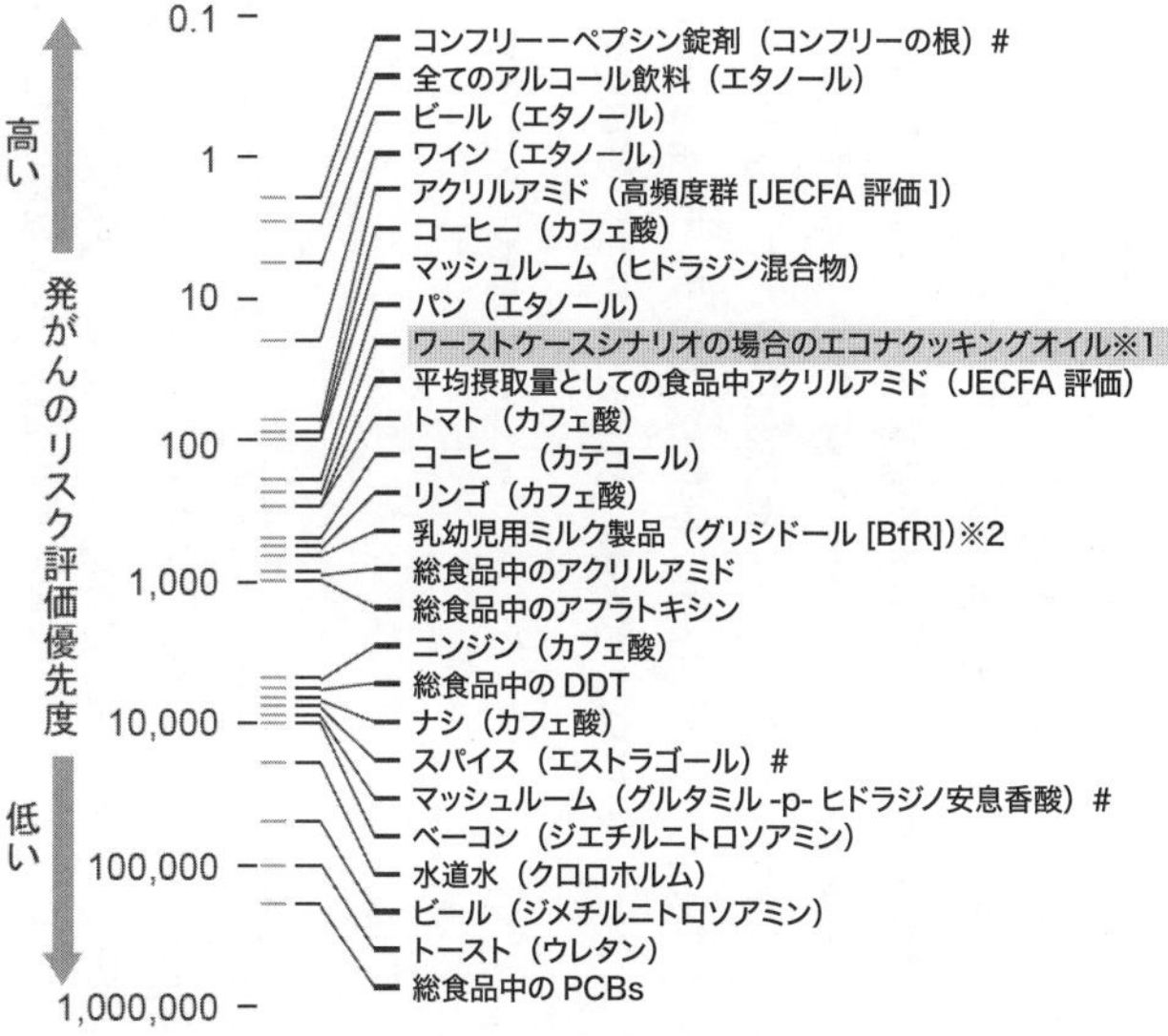

http://www.kao.co.jp/rd/eiyo/about-dag/pdfs/dag23-01.pdfより作成

※1　エコナ油中のグリシドール脂肪酸エステル(IARC：Group 3)がすべてグリシドール(IARC：Group2A)に変わると仮定するワーストケースシナリオで算出
MoE=グリシドールのBMDL10(10%発がん率の信頼下限値
本サイトの用語説明参照)／エコナ油を1日に10g(摂取目安量)摂取したときのグリシドール暴露量
※2　ミルク製品の推定摂取量とグリシドールの推定含有量から、BfR(ドイツの連邦リスク評価研究所)が乳幼児のグリシドールのMoEを算出(ワーストケースシナリオ)

ナの安全性審議は現在も継続中です。

次に、リスクコミュニケーションにならず、「ハザード」コミュニケーションが進んでしまったもう一つ別の例も見てみましょう。２０１１年12月に、明治が販売している乳児用の粉ミルク「ステップ」の一部に放射性物質のセシウムが混入したという報道も同じようなケースです。

粉ミルクとセシウム

明治の粉ミルクからセシウム　最大30ベクレル

食品大手の明治（東京）が製造、販売する粉ミルク「明治ステップ」から、最大で1キログラム当たり30・８ベクレルの放射性セシウムが検出されたことが6日、同社の調査で分かった。詳しい混入経緯は不明だが、同社は東京電力福島第1原発事故に伴うものとみている。

厚生労働省によると、原発事故後に粉ミルクからセシウムが検出されたのは初めて。明治は約40万缶を対象に、無償交換する方針。国が定める粉ミルクの暫定基準値（1キログラム当たり２００ベクレル）は下回っている。厚労省は近く新たに「乳児用食品」の基準値を設定する方針を決めている。２０１１年12月6日 14時44分【共同通信】

この共同通信の特報ニュースが発端となって、多くの新聞で一面や社会面で記事が書かれ、ＮＨＫなどでも取り上げられた結果、お母さんたちの不安を煽りました。

この記事は間違っていませんが、リスクの大きさを分かりやすく伝えていません。

放射線は確かに発がんハザードのグループ１で、明らかに人への発がんがあると分かっています。しかし、この時に検出された量の方に目を向けると、その放射線量は最大で１キロ当たり30ベクレルで、これは当時の国の暫定規制値（１キロ当たり２００ベクレル）を下回り、２０１２年４月から適用された新基準値（１キロ当たり50ベクレル）をも下回っていました。粉ミルクは湯で７倍に希釈されて飲まれるので、実際は１キロ当たり４ベクレル程度です。

バナナとの比較では

このミルクを２００ミリリットル程度飲んだと仮定した場合のリスクは、天然の放射性物質で食品にもともと含まれるカリウム40が多く含まれるバナナを０・２本食べた場合と同程度だったのです。このミルクは満９カ月から３歳までのフォローアップミルクですから、離乳食と一緒に、食べさせやすいバナナをあげている家庭も多いと思います。

たしかに赤ちゃんにあげるものですから、お母さんは心配です。それをおもんぱかって、メーカーは無償交換ということで対応しました。

セシウムが検出されたミルクは埼玉県の工場で作られていました。たまたま水素爆発の後、風に乗って埼玉まで流れ、フィルターを通してたまたま工場内に入ってきてしまったようです。食品企業は異物混入に備え、フィルターを設置しているわけですが、まさか放射線まで考慮に入れての対策までは気が回らなかったようです。当時は国内での放射性物質の基準値も日本にはありませんでした。メーカーがどこまで責められるべきか。また、被災地に不足していた粉ミルクを製造するためにも、工場は稼働していたのです。それが起きた背景をメディアがもう少し正確に伝えれば、読者の受け止め方も少しは変わったのではないかと思う事故でした。

では、なぜメディアは事実の一面だけを伝え、偏ったリスク認知を作ってしまうのか。その辺を次章で考えていきます。

第七章　だから発がん報道は繰り返される

私たちが食べ物や健康についての情報を得る手段は依然としてマスメディアからです。例えば、通勤電車の中の週刊誌のつり広告に「○○は食べるな危険」とあれば、そうなのかなあ、食べるのは怖いな、と思ってしまうのが一般の心理です。

読者の不安を煽る記事は、それを書く側が事実を歪めているのは承知で書いている「確信的」なものと、単に記者の勉強不足から書かれているものがあります。新聞に限れば確信犯的なものはほとんどないか、あってもごくわずかではないでしょうか? ただ厄介なのは、書く側のリスクヘッジが絡んでくる場合です。

記者のリスクヘッジ

リスクヘッジとは何でしょうか。

安全情報を最初に伝える、特に社会部の記者の記事の書き方を見ていると、リスクを「大きく見積もる」場合が多いと感じます。彼らの立場に立てば、リスクを小さく記事に書いた場合、後で問題となった場合には大変です。ですから、本当はそれほど問題がないのかもしれないけれども、後で問題になった場合に責められないよう、リスクを大きく見積もって書いていると感じます。

これが記者の「リスクヘッジ」です。他社が問題だという記事を書いているのに、自社だけが「そうではない」とは書きづらいでしょう。特に横並び意識の強い日本のメディアではそう言えます。

安全側に立って記事を書く場合、「消費者の不安」「消費者が懸念」という言葉がよく出てきます。それが誰か特定できない「消費者」と書けば、何となくそれらしく聞こえます。また、誰か一人でも不安があるのであれば「消費者に不安」という言い方も間違いではありません。「欧州で懸念が生じている」という書き方も同様です。欧州といっても、いろいろな国があり、ひとくくりに論じることは不可能なのですが、どこかの国の少数の人たちだけでも「不安」だと思っているのなら、そう書いても、記事自体が間違いとは言えませんね。でも、本当に欧州全体の事実を反映しているのかと言えば、それは違うと思うのです。

何回も繰り返す

いったんメディアに出た情報は、たとえそれが間違っていても、何度も繰り返して報じられます。これもメディアの問題点のひとつでしょう。

なぜかというと、新聞には過去の記事のデータベースが充実していますから、記者は記事を書くときに、自社や他社の記者が書いたことを検索して、それらの記事を参考にするからです。ですから、たとえ間違った記事でも、それをベースにさらに誤解に満ちた記事が書かれてしまうことがあるのです。

また、社の中で「これらの記事の情報は間違っているよ」「この切り口は少し違うよ」という認識が共有されないと、同じような記事がまた書かれるというわけです。

「担当者が変わるとその過ちを忘れてしまうのですよ」

これは、現在は自殺対策のNPO代表を務めている元NHKのディレクターから聞いた話です。私は日本の、特に青少年の自殺報道に疑問を持っていました。実は、WHOが自殺の報道ガイドラインというのを発表していて、遺書や自殺の方法は公開しないということを各国に求めているのです。特に子供は、他の子供の自殺に深く影響を受け、自殺の連鎖があることから自主規制が必要とされます。日本の新聞社でもそれについて勉強会や研修があると聞いていますが、それでも、最近までいじめを理由に自殺した子供の遺書を掲載しているメディアがありました。なぜか？ 彼に聞いて返ってきた言葉が「担当者が変わると過去の過ちが忘れられてしまう」だったのです。

日本のメディアは、欧米に比べてとても頻繁に記者が部署を異動します。ですから、やっとその分野に慣れてきたという記者が、別の部署に行ってしまい、そこに知識の少ない記者が配属されることが多いのです。誤った情報が訂正されず、繰り返されるという問題の背景には、そういう日本のメディアの構造的問題も関係しています。

それは特に、海外からの情報では顕著です。日本語以外の情報ですから、まず英語は必須であり、場合によっては現地の情報を得るために別の言語にも通じていないとなりません。さらに、その分野の専門知識が要求されます。ですから、もともと情報が入ってくるルートが限られている海外情報がどれだけ正確か、その正確性の相場観を記者自身がなかなか得られないという制限がかかります。ですから、情報の正確性が検証できず、あいまいなニュースが流れてしまうということがあるのでしょう。

割れ窓理論

人は秩序に乱れが生じると同調するという「割れ窓理論」があります。

不安報道を引き起こすメディアの問題には、この理論が当てはまると考えています。これは、一度メディアがそろって「問題」と烙印を押したところは徹底的に攻撃しても構わない、他社に載った記事が自社に載らないと上から怒られる、というような心理的状態に記者が陥ってしまうことがあるのではないでしょうか。

メディア全体が横並び的に一つのターゲットを徹底的に取材攻撃するとなると、多少過激になってもいいかな、と思ってしまう意識が生まれます。そういう事例は様々な事件報道を見ていて実感できます。そういう横並びの連鎖が、狂騒的なBSE取材や、経営者を自殺まで追い込んだ鳥インフルエンザの取材、初期報道を誤った長野県松本市のサリン事件で見られたのではないでしょうか。

特に、食の分野はメディアの格好のターゲットになっているように感じています。それは、食べ物が消費者に身近でリスクを感じやすいこともあるでしょう。2000年に食品大手の雪印が事故を起こし、記者対応を誤ったことをきっかけに、ここ10年間はその傾向が続いていると思います。

風評被害に

「○○かもしれない」。いったんそうメディアに書かれると、それがいつのまにか「○○だ」と、断定的な「事実」として世間で信じられてしまいます。それがメディアの怖さです。

いったんメディアの「おもちゃ」のようになってしまえば、マイナスイメージはその後何年もついてまわります。それが、「あそこのものは危ないらしい」「やめといた方がいいらしい」

といった風評被害につながります。記者が記事を書く時、番組のディレクターが番組を作る時には、どうやって興味を引くかを優先順位に持ってきます。それがどのような風評被害を及ぼすか、二次的リスクを生むかについては二の次です。どれだけ読んでもらえるか、見てもらえるかにかかっているからです。結果として不幸な事態も起きるのです。メディアバイアスと風評被害は多くの場合ペアになります。メディアが意図せずに、いわゆる「不安ビジネス」の主体となっている場合も実に多いのです。

「『未知』＋『無知』が大きければ不安になる。そうすると『風評が大きくなる』」。メディアドクターという医療や健康に関するニュースを検証し、的確な情報発信活動にかかわっている日経新聞社会部の前村聡記者は述べています。社会部の第一線で記事を書いている前村さんの視点は、本当に現場を言い表していると思いました。

これは架空の話ではありません。

現在の福島に現実に起きていることなのです。放射性物質のリスクの大きさが分からないままに不安を抱く消費者が福島産を買い控えする。それが現実です。福島の牛肉の値段は下がったままです。首都圏では福島の農作物は格段に少なくなってしまいました。お米もしかりです。

そして、いったん既成事実のように定着してしまった危ない話は、たとえ真実ではなくても、人々の不安や不満を持続させます。「新聞記事に書いてあった」とか「テレビのニュースで見た」が根拠となって、反対運動などにもつながっていくので、記者の無知やちょっとしたニュースの恐ろしさを感じます。

地下水汚染を調査して

私は90年代の後半に名古屋で、有機溶剤による地下水汚染をめぐるリスク論争を調査し、それを学位論文のテーマとして取り上げました。規制がなかった時代に溶剤を使っていた東芝の名古屋工場の跡地をめぐる論争で、「規制値の1万倍が地下水から検出」という記事が朝日新聞や中日新聞などに掲載されました。実際には汚染や健康影響を誇張した報道でしたが、この場合も、記事を根拠に市民グループが事業者と行政の責任を問う市民運動を起こしています。

記事を書いた記者になぜそのようなトーンで記事を書いたのですか、と後日にインタビューしたことがあったのですが、「有機溶剤を垂れ流した工場が無責任だと思ったので書きました」と正直におっしゃっていました。ただ、工場の周りのお風呂屋さんやお豆腐屋さん、氷屋さんは「汚染された地下水の上にあるらしい」、といった単純なニュースによる風評被害でお客さんが離れていったそうです。

「あんた誰？　記者？　だったらお断りだよ。うちの商売をどうしてくれるんだ」。紙面を騒がせてから数年経ってから取材に行きましたが、記者への不信感は相当なものでした。

記者はもちろん正義感で書いたのです。ただ、そのセンセーショナルな側面がどのようなインパクトを生むのかを考えないままに書いてしまったのです。思慮の足りない記事が人々の生活に大きく影響してしまうということは、記者の仕事はとても責任の重いものだと感じました。

この場合も、取材は環境問題の専門の記者ではなく、当時名古屋支局にいた若い記者でした。ですから、どうしてもバランスのとれた相場観や専門性、経験が少なく、一面的な報道になってしまったのでしょう。これはきっとメディアの構造的な問題に起因するのではと考えます。

地方の場合は記者の人数が少ないですから、昨日まで「サツマワリ（警察を担当する記者の仕事）」していた記者が、今日は食品のリスクについて書くといったこともあります。食品のリスクに関する記事を書くためには、それなりの予備知識がないと正確には書けません。記者の専門知識の不足も、誤解のある断片的なニュースをもたらす原因の一つですね。

「マスメディア」とひとくくりに言っても、全国紙、地方紙、テレビ、週刊誌、専門誌、スポーツ紙、ウェブメディアなど様々な媒体があります。媒体によっては、リスクを正確に書くところもありますし、そうでもないところもあります。「メディアがバイアスに満ちた放射能汚染報道をする」とひとくくりに言っても、つかみどころのない話だと言えます。様々なメディアが横並び意識で玉突きのように情報を出し合いながら、ニュースをつくっていきますから、メディア全体の相乗作用のようなものが、「危ない」といった空気を作り出しているのでしょう。

では欧米のメディアはどうなのでしょうか?

欧米では住み分けが明確

「朝日、読売、毎日。日本の全国紙が何を報道するかは産経以外、どれを読んでも似ている」。よく聞かれることです。これは日本社会の横並び傾向が、新聞というメディアにも出ていると言えます。他国の新聞と比較すると分かりやすいでしょう。

例えばイギリスには、知識層をターゲットにしたクオリティーペーパー(高級紙)が数紙あります。インデペンデント(The Independent)はその一つ。他にもリベラルで労働党寄りのガーディアン(The Guardian)、保守党の色が強いタイムズ(The Times)、経済紙のファイナンシャルタイムズ（Financial Times：FT）などがあります。これらの高級紙は一部当たりの値段は高く、発行部数も少ないです。

値段も違います。例えば、芸能人や皇室のゴシップが連日掲載されるタブロイド紙のサン（The Sun）は30ペンスで一番安く、よく地下鉄の入り口で人が立って売っています。他方、経済情報が満載のファイナンシャルタイムズなどは2ポンドもします。発行部数も、サンは300万部くらいですが、リベラルのインディペンデントは25万部、ガーディアンも35万部、ファイナンシャルタイムズでさえ45万部くらいしか発行されていません。アメリカでも似たような傾向があって、高級紙ニューヨークタイムズも100万部、ウォールストリートジャーナルは200万部、一般紙のUSA Todayが200万部強という部数です。一方、日本の新聞の発行数は読売が1000万部、朝日が800万部、毎日が400万部、産経が200万部、日経が300万部です。

ドイツの新聞もイギリスと似たような感じで、フランクフルターアルゲマイネ（Frankfurter Allgemeine）、ヴェルト（Die Welt）といった横綱級の保守的な高級紙。さらに、ズゥードドイチェ・ツァイトゥング（Süddeutshe Zeitung）、ベルリナーツァイトゥング（Berliner Zeitung）といった、地方色が濃いのですが、やはり分析を得意とする高級紙があります。さらに地元密着の地方紙があり、ビルト（Das Bild）というゴシップネタのタブロイド紙があります。タブロイド紙は日本のスポーツ新聞と同じで、センセーショナルな見出しが売りですが、そのニュースをそのまま受けて信じる人はそれほど多くないでしょう。イギリスでもドイツでも、右なのか左なのか、どの政党を支持するか、どの職業についているかなどで読む新聞も違うし、新聞の論調も値段も異なります。

欧米の新聞は、何を記事にするかは読者層がどこなのか、誰に訴えかけたいのかで決まります。日本の新聞の場合、広い読者層に対応するため、全国紙であっても記事が横並び的になりがちになると思います。

横並び報道

「日本のメディアはある種『ギルド』的になりがちなのではないか。他に先駆けて早く記事を書くことには価値を見出すが、結局、横並びになってしまう。日本人はほかの人と同じこと言っていることに安心感を覚えるからではないだろうか。休刊日すら、一緒にしている。そして、他者が掲載した記事を掲載していなかった場合、デスクにとても怒られる」。親しい記者がぽつりと漏らした言葉です。

確かに言われてみれば、なぜ休刊日までも一緒にするのでしょうか。改めて考えてみると不思議にも思います。また、日本には夕刊もあります。個人的には夕刊を読むことは好きですが、朝刊と夕刊を発行しているのは日本くらいのものでしょう。

分析よりもストレートニュースの即時配信に重きを置き、他社との横並びを意識し、さらに夕刊まであるのですから、日本人の記者は外国人記者と比べてとても忙しいわけです。

政府の発表をどこの記者も追っていて、欧米の記者のように独自取材が少ないことも、どこの社も同じような記事が多い理由のようです。確かに私が読んで面白いと思うのは「記者の目」といった、独自の取材ものです。

専門記者が育たない

「ドイツ人の記者はうらやましいよ。こっちは時差があるから、夜中まで仕事しないとならない。でも、ドイツ人記者は、土日も休めるし、ゆっくり記事が書けるから本当にうらやましいよ」。ある新聞社のドイツ特派員であった友人はしょっちゅうこぼしていました。実際、彼の家族に呼ばれて夜に食事をしていても、ちょっと失礼、と支局に戻っていくことがありました。ですから、記者は本当に大変だなあ、という印象をいつも持っていました。

なぜ欧米の記者と違うのでしょうか？　これは、日本の記事はレポーティング、欧米の高級紙では、アナリシスを重視する。その違いでしょう。多くの記者は発表を追いかけないといけませんし、日本の記者は忙しい人が多いですよね。日本の記者には優秀な人がたくさんいます。でも、一つのことを追いかける時間が足りないと感じます。

また、記者の勉強不足が指摘されますが、日本のような即時性を求められるニュースを追いかけ時間的に余裕のない記者には、複数の情報源に詳細な情報を求めその情報を検証する時間的余裕がないことが現状です。

科学ジャーナリズムが弱い

科学ジャーナリズム全体の弱さもあります。

「新聞社の中で政治部などに比べ、科学部の発言権はかなり弱いという共通の構造がある」(毎日新聞　記者ノート２００４年7月5日付)。この通りでしょう。

現在の日本のメディアには特定の科学技術トピックを専門的に、長期的に分析する取材体制が人的にも予算的にも弱いです。特定の科学技術関連のトピックについてどこまで掘り下げた報道をするかは、個々の記者がどれだけ興味を持っているか、その度合いによって変わる現状もあるのです。また、デスクが記事を掲載するか否かの判断は、その話が読者をはらはら、どきどきさせるようなものである、極端な場合にはセンセーショナルなものかに大きく関係すると、現場の記者が言います。現在の科学ジャーナリズムの問題は、マスメディアの抱える構造的な問題とも言えます。

「科学ジャーナリズムはカネにならない。国民も官僚も科学に無関心で、科学記者の存在も薄い」。（立花隆氏のことば：毎日新聞　２００４年７月４日付）。

科学ジャーナリズムの弱さの問題は複合的な問題です。確かに、日本での科学への世間の関心度は低いです。科学技術が国際的な競争力をつけるのに必要と７割が考えているにもかかわらず、科学技術に関連するニュースや話題に関心がある人は２００４年の調査によると日本人の約５割弱です。

それには科学記事がドライであまり面白くないという側面もあるでしょう。でも、イギリスの新聞は科学面でもわくわくして読める面白い記事が多かったですし、それは切り口次第だとも思うのです。

メディア離れ

新聞の購読数が減っているのはどこの社でも同じです。私の教える大学でも、新聞を購読している学生の数は、私の学生時代から比べるととても少ないです。また、20代から30代の男性は、テレビを見ない人がとても増えていると聞きました。私の周りでも、テレビを持っていないから、テレビを見ないという人がとても多くなってきました。

こうなった時に、どうなっていくのでしょうか？ それは、大手メディアでも人員削減が始まっていくということでしょう。私の知り合いの新聞社でも、希望退職が大規模に募られました。子供を持つ女性記者などにしわ寄せがいったようです。そうすれば、ますます正確な安全情報の発信を担保するための組織が弱くなっていってしまうでしょう。

でも、もしかすると、横並びは止めて、新聞の紙面を他社と違う充実させたものにするために、欧米的な分析や解説記事に重点を絞る新聞が出てくるのかもしれません。アメリカの新聞社は広告の収入減で大きな人員削減を行いました。それでも、出てくる記事はといえば、そこまでクオリティーが下がってはいないと聞きます。日本の大手メディアでも生き残りをかけて、他人とは違うことが書ける専門記者が育つことを期待したいです。

昔から変わらない

メディアの体質は今に始まったことなのでしょうか。少し矛盾するようなことを最後に書きます。

『世論』（1922）で著名なリップマンは、「われわれは新聞が真実を提供すると期待している」「すぐれた新聞担当係は、自分の言いたいことがすばらしいことだからといって、それが日常生活から突出するほどめずらしく、すばらしいものでもないかぎり、ニュースにならないことを心得ている」「ニュースと真実とは同一物ではなく、はっきりと区別されなければならない」と、バッサリと書いています。

もっと古くは、フランスのバルザックの書いた『ジャーナリズム博物誌』です。この本はリップマンの著作よりも80年も前の1843年に書かれていますが、言っていることはほぼ同じです。「予約購読者とともに愉快なゲームを行うこととなる。何かの事件が起こるたびに、予約購読者はなにがしかの意見を抱くが、これについては、明日、私の新聞が言うことを読めばいいだろうと言って眠りこんでしまう」「最大の予約購読者数を誇る新聞は、大衆にもっともよく似た新聞ということになる」。

このように、メディアバイアスはいつの時代にもあることが指摘されています。ですから、読む側がメディアバイアスはあることを気に留めながら読む、「メディアリテラシー」が必要とされているのです。

リスクの話は簡単に白黒が付けられるほど単純ではありません。しかし、この章で見てきたように、リスクの話を分かりやすく伝えるため、人の不安心理をベースにメディアは「〇〇は危ない」「〇〇の懸念が」というストーリーを組み立て、それを流すのです。

ここまで、メディアがリスクをどう報じるかについて辛口に書いてきました。でもこれは、メディアだけの問題でしょうか？

違います。メディアに情報提供の役割を任せっきりで、消費者に公平で、分かりやすい安全情報を伝えてこなかった事業者や行政、科学者側の問題も大きいと考えます。また、自分で能動的に正確な情報を見極めずに鵜呑みにしてきた消費者側も問題なのです。

次章から情報を出す側の問題を見ていきます。まずは科学者です。

第八章　科学者はリスクコミュニケーションにどうかかわるべきか

メディア情報に偏りが生じる（メディアバイアス）背景には、偏った情報を簡単に許してしまう情報の提供側にも問題があります。特に科学者や専門家はこの種のメディアバイアスに無関心な傾向が見られます。では、科学者の役割はどうあるべきでしょうか。私の体験も交えてお話しましょう。

科学不信

平成24年版の『科学技術白書』によると、国民の科学者への信頼度が東日本大震災前よりも低下したということでした。そこで紹介されていたアンケート調査によると、「科学者の話は信頼できない」と回答した率が、震災前の5％から、15％にまで増えています。これは低線量の被ばくについて、様々な科学者が異なる意見を発信し、「誰の言っていることを信じたらよいか分からない」という混乱があったことが背景にあるのでしょう。

原発事故以降、様々な科学者が様々なことを言い出しました。放射線を専門にしている人以外でも、多くの「専門家」が「放射線被ばくの真実」というような本を書き、本屋に行くとこのような「危ない」本がずらっと並んでいます。

放射線の本当の専門家は、当初は「放射線リスクは騒がれているほど大きくない」とテレビなど既存メディアで発信していました。しかし、インターネットの中で「御用学者」とレッテルを貼られ、萎縮してしまいました。

専門家の中には、誠意のない発言、行動を取って、被災地の住民のひんしゅくを買ってしまったケースもありました。でも、ほとんどが真摯に、被災地の人たちの不安をあおらないように、現場に足を運んでそれを伝えようとした人たちです。私も、福島ではこれらの熱意のある専門家たちと活動しました。

しかし、「放射線の科学者はいいことしか言わない」というイメージが定着してしまい、それとは反対に「危ない」と警告する学者が一般の人の間で共感を得ていきました。これは科学界にとって大変に不幸な事態です。

科学の伝え方の問題

でも、科学者自体にも反省すべき点があると思います。

まず、科学者は一般に科学または科学者が一般の人たちからどう見られているのか、について感度が低いということです。

『科学技術白書』では、震災以降、国民の科学者への信頼が相当低下したと報告しているのにもかかわらず、科学者の方はいまだに「信頼されている」と楽観視している感じがします。確かに、科学者が信頼されているときには、「白衣」「実験室」「エスタブリッシュメント」といったイメージで、この人は間違ったことを言っていないという権威付けが可能です。しかし、それがいったん崩れてしまったのであれば、その対応を従来と変わらず続けても信頼は得られません。

この科学者と社会のギャップは原発事故以前もありましたが、今回の危機で如実に露呈してしまったと私は考えています。

論理だけでは伝えられない

「科学の話は、専門情報や専門用語をやさしく噛み砕くことで伝わる、それがリスクコミュニケーション」。そう思っている専門家は多いと思いますが、そこに問題があります。

「一般の人は、科学のことがよく分かっていないから誤解が生じる。だから細かく説明すれば分かってくれるはずだ」。この姿勢は、今回の原発事故において、多くの放射線の専門家による講演で顕著に表れていました。先生方の講演を聞くにつれ、科学的には間違ったことを言っていないのに、なにか腑に落ちないような、「もやもや」感が残りました。

そのことを知り合いの記者は、「それは、先生方の基本的スタンスである『科学脳』ですよ。言葉は悪いけれども『科学至上主義』がどうしても感じられたのだと思います。一般の人でもそういうところを感じ取るのですよ。ご自分の発言がどのように相手に捉えられるか。そこを考えているかどうかの違いでしょうね」と表現しました。わたしの違和感の原因はこれだったのかと思いました。

確かに科学を説明するにはロジックが基本になります。でも、論理的に1、2、3と順序を追って話すことで、果たしてどこまで相手に伝わるのでしょうか。正確に話すことは一見正解のようです。しかし、話が専門的で難しすぎて相手に伝わりにくいことが多くあります。

人は、具体的にイメージできること、頭に焼きつくことでないと記憶に残らないのです。相手がどのような立場で、何を心配しているか、どのような情報を欲しいのか。そういったことを考えながら話さないと、専門家からの一方通行の話となってしまいます。結果的には「あの先生は自分の話したいことを話していたね」となってしまいます。

リスクコミュニケーションは相手があって初めて成立するものです。相手を意識しないといけません。自分の主張や科学的なエビデンスを論理で伝えるだけでは自己満足で終わってしまいます。でも相変わらず、理詰めで相手を説得しようとする「科学至上主義」は、根強く科学者の間に広くあります。

この科学至上主義はさらに、一般の人たちの「不安だ」という気持ちを軽視することにもなります。一般からの素朴な質問を受けると「そのような基礎的なことも分からないのか」というおごり高ぶった思いが態度や答え方に出てしまいます。それが相手の不快感、不信感を生みます。

平時の常日頃、こういったことに疑問をもたない科学者が、緊急時になって、いきなり上手な伝え方をすることは無理ですよね。科学不信の根っこにはこういう事情もあるのです。

「一般の理解不足」という目線

科学と社会との摩擦は欧米社会も悩んできました。1980年代、欧米の国々では、

・民衆の科学理解不足が科学への不信を呼び起こしている。科学知識の欠如が問題
・民衆の科学理解を改善することが必要
・一般の間での科学の理解が進めば科学も支持される

という、いわゆる「上から目線」的考え方が一般的になりました。この考え方はPUS

（public understanding of science）といって、欧米の先進国で80年代の後半に政府や専門家の間で広く支持されました。１９８５年にイギリスの王立協会（Royal Society）が出した報告書「The Public Understanding of Science」やアメリカのアメリカ科学振興協会（AAAS American Association for the Advancement of Science）が１９８９年に出した「Science for All Americans」などに象徴されます。イギリスの王立協会は設立３５０年の最も権威のある科学的助言組織で、他方、ＡＡＡＳは全米では最大級の科学者集団であり、権威のある科学ジャーナル『サイエンス』を発行している機関です。

しかし、この考え方は、90年代後半から、「科学者の傲慢だ」「上から目線だ」「科学の知識が増えたからといって科学が支持されるわけではない」と、権威側が批判を浴びることになるのです。一般の人は専門家の考え方を受容すべきであるというＰＡ（Public Acceptance, 社会的受容）という考え方も同様に批判を受けました。

それ以降、ＰＵＳ、ＰＡという表現は欧米では使われなくなりました。その代わりに、市民参加による科学技術の評価、テクノロジーアセスメント（Technology Assessment, TA）、受容ではなくリスクの許容（Tolerability of Risk, ＴＯＲ）という考え方が出てくるようになったのです。

一方、日本では「ＰＡ」というやり方が原子力政策で使われています。日本に帰国してから私はこのことにとても驚きました。

言葉遣いの問題

専門家は言葉の使い方にも、もっと注意を払わないといけません。言葉ひとつで誤解を生むことがよくあるからです。

例えば、専門家は「可能性は否定できない」というようなあいまいな言葉を使いがちです。確かに科学の世界では100%はありません。99.9%安全でも、「否定できない」という言い回しは可能です。しかし、この言い方は、一般の人に「否定できないならば、危ないということですね」と誤解を招くのです。

「可能性がある」という表現も厄介です。

5章でも書きましたが、可能性を英語では「possibly」と書きますが、ニュアンスとしては、それが起きる確率は1割から4割くらいという幅があるのではないかと言われます。可能性があると言ったら、何でも「可能性がある」になってしまいます。

これ以外にも、「〇〇の恐れがある」「因果関係が否定できない」「××が示唆される」「〇〇の懸念がある」「可能性が示唆される」と、ざっと見回しただけでも、これだけのあいまいな言葉があります。これらは程度の差はあっても、因果関係がよく分からないということなのです。

数字の使い方の問題

専門家は数字を使って伝えるときにも相当の注意が必要です。

東京都の火災が年間何千件と言われても、数字が大きすぎると具体的にイメージできません。本当に自分がどれくらいの確率で火災に遭うかピンとこないからです。

放射線の話で言えば、単位の使い方にも細心の注意が必要です。

普通に社会で暮らしている場合、お金の単位や重さ、長さは使いますが、それ以外はあまり目にしません。そこに放射線の単位が出てくるとどうなるか。放射線の強さを表現する基本単位には、シーベルト、グレイ、ベクレルがあります。さらによくニュースで耳にするのは、シーベルトではなく、マイクロシーベルトです。1シーベルトは1000ミリシーベルトです。この換算自体でさえも一般の人は混乱してしまいます。

それに「グレイ」という単位が入ってくるとさらに混乱が生まれます。「グレイ」というのは、人体への吸収量を表し、シーベルトは人体への健康影響を表すのですが、実際には1シーベルト＝1グレイと覚えておいて問題はありません。ほぼ同じようにみなしてもよいなら、グレイは使わない方がよいのではないかと感じるのですが、科学者の先生はそこにはこだわりがあり、グレイという単位を一般向けの話の中でシーベルトと一緒に使ったりしています。

単位の使い方で混乱してしまった例を私はいくつも見てきました。福島での一般向けの勉強会でも、放射線の専門家が説明した「グレイ」というのが分からないと答えた地元住民がとても多かったです。でも、勉強会の間はみな黙って聞いています。相手に敬意を払って口を挟まない、黙って聞く、というのは日本人の美徳のひとつでしょうが、欧米だったら、きっと会場がざわつくはずです。やはり講演者は自分の話したいことではなく、相手が聞きたいことは何だろうと意識しながら常に話す必要があるのです。

専門用語の多用

専門用語の多用も一般人の理解を妨げ、市民との溝を作ってしまいます。

専門家は自分たちには当たり前でも、相手の知識は自分たちが思っているほどではないということも忘れがちです。例えば、遺伝子組み換え食品のリスクについて話す場合、科学者にとって「ＤＮＡ」という言葉は当たり前の言葉ですが、一般の方にいきなりＤＮＡという言葉を使っても具体的にそれが何を意味するのかが理解できない場合が多いのです。

実例を挙げましょう。数年前に、遺伝子組み換え作物について、複数の科学者が一般市民に説明するという実験「科学者が科学を語る」を実施しました。

そこで改めて分かったことは何でしょうか。専門用語を使った科学の説明、専門的で話が難しい説明だと一般市民の理解は浅く、科学者の意図が伝わっていなかったということです。一般参加者のコメントは次のようなものでした。

・専門用語が多くどれと言えない
・何を話したのかよく分からない
・ゲノム、フラボノイド、プロテオーム、RNA、スーパーカルス
・タンパク質の活性化？　各種科学図式？　交配育種？　これらの用語はさっぱり分からない

難解な専門用語が出てくると、素人はそこから話が理解できなくなってしまい、話が伝わらなくなることがあります。いわゆる、そこで「フリーズ」してしまって、話がそれ以降ついていけなくなってしまうのです。それが話の最初の頃に起きると、あとは、自分はとてもついていけない状態になり、聞いたことは「右から左へ」の状態になってしまいます。

準備不足

日本の科学者のプレゼン能力は一般に低いと言われます。何が原因でしょうか。リスコミの成功にはそれなりの準備がいるのだということを知っておきましょう。

「科学者が科学を語る」実験の例を挙げましょう。一般市民向けに「20分間で遺伝子組み換え作物の安全性を話す」というテーマを与え、実際にプレゼンをやってもらいました。そうしたら、相当な分量のスライドを用意された研究者がいました。しかし、そのことについて一般の参加者は、次のような感想を述べました。

・知識の深さは分かるが、少しゆっくり話されると良い。学会発表用に近いパワーポイント。一般が対象ならイラストも。文書用語が分かりにくい。話し言葉にしたらよかった。
・話のスピードが早すぎる。プレゼン資料一枚一枚の内容を説明しきっていないので分かりにくい。文字が小さく、量が多すぎる。かなりプレゼン量が多かったので質問しづらい。

かなりシビアですね。

一般人向けの説明でも、メディア向けの説明でも、話のポイントはごく短く、それも分かりやすい言葉で解説しなければ、聞く人の記憶には残りません。30分かけて丁寧に説明するところを5分で説明するというくらいに考えて準備する必要があります。

リスクコミュニケーションはやはり、人と人との間のことなのですから、対話の相手の一般の人がどのような情報を必要としていて、どのような情報の出し方であれば分かってもらえるのか。そこを事前に調べて、相手に合わせて準備する。少しの時間と労力、話を聞きに来る相手への敬意が問われるのです。

誠意、情熱

誠意があるか。説明に真摯な姿勢が感じられるか。これは意外に重要です。相手から信頼を得られるかどうかを左右するからです。

「科学者が科学を語る」実験からの実例をもう一度引用しましょう。

対象は生協活動にかかわっている40代後半から50代以上の会員でした。

ベテランの科学者2人の説明の後に、20代の大学院生の説明がありました。聞いていて、安全性についての説明は相当単純化されていましたし、傍聴していた別の専門家は「あそこまで言い切っていいのかな？」とつぶやいていました。しかし、「遺伝子組み換え作物の研究で世界の飢餓を救いたい」と訴えた若い研究者の情熱に心を動かされた参加者が多かったのです。少しそのコメントを引用しましょう。

・プレゼンターの方の情熱が良く伝わり、消費者とのリスクコミュニケーションを意識して努力し、活動しておられることは大変素晴らしいことだと思います。
・先生の科学技術の発信への熱い思いを知りました。
・科学者との距離が縮まったように思う。

実際、他の2人の科学者と比べて、この20代前半の男子学生の発表で「遺伝子組み換え食品に対する見方が変わりました」と答える回答者の比率が20%から50%程度高く、「話の内容は信頼でき、組み換えが安全だという結論に納得できた」と答える回答者の比率も他の研究者よりも10%高く出ました。

なぜでしょう？　と、その当時の画像を見ながらある集まりで参加者に聞いたところ、「回答者が50代以上の女性ですよね。自分の息子と同じ年代で、一生懸命やっているさわやかな青年の話には、ロジックではなく、感情面で動かされるのではないでしょうか」という声が聞かれました。

論理的、客観的という「ドライ」な面だけで、人は安全かどうかを判断してないということです。

こういう実例からお分かりのように、人は相手の話を聞いて、そこに誠意があるかどうかをどこで判断しているかといえば、それは、その人の話す内容、話し方、身振り手振り、使う言葉、外見、様々な要素から判断しているのです。極端な話、髪型やスーツの色、ネクタイの柄までもその要素になります。

『人は見た目が9割』という本がヒットしました。

外見はその人を信頼するに値するかどうかを左右する点で、大きな要素と言えます。でも外見だけ、というのは無理があります。

少し話が飛びますが、O - 157の食中毒事件を起こした外食チェーンの社長が「申し訳ありませんでした」と土下座していた場面を覚えていらっしゃいますか。ある週刊誌で読者に「誠意を感じるか」と聞いていて、ほとんどが「いいえ」と答えていました。

2000年の雪印の失敗記者会見以来、ダークな色のネクタイを締め、謝罪の際、頭を下げる角度を一列に揃えて「ご迷惑をおかけいたしました」と謝罪する記者会見のためのトレーニングが大企業で行われています。企業のトップが頭を下げることで世間の糾弾を避けることはできるので一定の効果はあると思いますが、企業としての誠意を感じるかといえば、どうなのでしょうか。やはり、自分の言葉で何が足りなかったのか、どうしてその事態になったのか、率直にそれを語る姿の方が誠意のあるように受け取られるでしょう。

情熱があっても失敗する場合

ただし、情熱があっても失敗する場合もあります。

福島原発の事故後すぐの3月21日、福島県の健康アドバイザーによる講演会が福島で行われました。そのビデオは福島県のサイトで公開されています。全体的にはリスクを分かりやすく話されていますが、いくつかの個所は言い過ぎかな、と感じました。一つは「放射線による健康リスクは全く考えられない」と言い切ってしまっているところ。もう一つは「放射線の影響はニコニコしている人には来ません。くよくよしている人に来ます」と発言している個所です。これらはそんなに不安に思うほどでもないのですよ、と伝えようとするあまりでしょう。

このビデオは後日に勝手に編集されてYou Tubeに掲載されています。やはり影響力のある説明会ですから、揶揄をもって捉えられてしまう可能性を最初から考えておくべきだと思いました。専門家のアドバイスがあったらもっと伝えたいことが伝わったでしょう。

若い研究者の消極性が問題に

若い研究生が社会にあまり関心をもたないのも問題点ですね。

「研究室の学生や若い研究者があまり手を挙げてくれなかった」

これは、原発事故時に、率先して原発建屋の作業員の健康対策のために名乗り出たあるお医者さんの言葉です。

科学者を目指している学生が、それが応用される実際の現場、社会にはあまり関心を示さないことがあります。科学は白黒がつく世界ですから、論理で通りますが、世の中では感情や不条理も当然あります。それを避ける傾向があるのです。一般社会を知れば、どのような科学技術が必要とされるのかを肌で感じられ、社会に貢献したいという情熱がわきあがってきます。

それと、グローバルで切磋琢磨する積極性も日本の若者に少なくなってきているのでは、とも感じます。わたしはイギリス出張の際には、ロンドンの母校、インペリアルカレッジ・ロンドンの大学院生用の学食に寄ります。母校は科学技術系で最先端の研究をしている研究者が集まる大学です。隣のイギリス人と韓国人と見られる学生の席からは、「お金がもう底をつきそうだけど、なんとかしてこの研究だけはイギリスでやっていくんだよ」などという会話も聞こえてきます。とにかく、中国、韓国と、アジアからの留学生の熱気にあふれています。かつては見かけた日本人の留学生はほとんど見かけません。

若い時期は、技術、語学、他文化など、様々なことがすんなりと吸収できる時期です。困難も若さと意気込みで何とかなります。わたしは20代から30代の半ばまでこういった環境にいました。日本人の若い科学者が、自国から離れた舞台で、グローバルな人材の中で切磋琢磨する機会がないこと、それはそのような留学システムの整備が遅れていることもありますが、それと同様に若者のチャレンジする勢いが弱いことも大きな障害です。若いときにはたくさんチャレンジしてたくさん失敗してもよいということが伝わっていないのでしょうか。もったいないことだと思います。そして、海外よりも国内という内向きの志向は今後、アジアの中の日本の位置を揺るがしていくような大きな問題となりかねません。

距離感

科学者が社会と一歩、距離をとりたがるという姿勢も問題点のひとつと言えます。

科学者と一般人との距離感のことです。

前にふれた「科学者が科学を語る」実験研究では、研究者から直接に意見を聞くことで、市民の約7割は「安心できた」「安全だと納得できた」と事前の意識が変わることが分かりました。一時的な変化かもしれませんが、それでも、これは結構な成果なのです。

ただ、科学者の態度は旧態依然のままです。実際に「市民の前で遺伝子組み換え作物の安全性について話してください」と専門家にお願いすると、日頃「非科学的なもの言いが世の中にもてはやされている状況はけしからん」とおっしゃっている先生ですら、「いや、ちょっとそれは……」と言われる方が多いのです。こういう実験で一番苦労したのは、参加してくれる科学者を集めることでした。結局、人前で話し慣れている先生、サイエンスコミュニケーションで学生ベンチャーを立ち上げている大学院生、企業の専門家と限られてしまいました。

これは消費者団体も同じだったようです。遺伝子組み換え作物が日本に導入される初期の90年代に、消費者団体が科学者の先生に安全性を説明してくださいとお願いしたものの、第一線の方からは反応が鈍く、説明に来てくれた人たちは市民団体だったといいます。

ですから、遺伝子組み換えについての偏った情報しか消費者団体にはなくて、リスクコミュニケーションがとても混迷してしまったというのです。これがその後のリスク議論を大きく左右させてしまったと、ある消費者団体のトップだった方が言っています。

iPS細胞でノーベル賞を受賞した京都大学の山中伸弥教授は日経新聞でのインタビューで、「研究者がいい研究をしなければ駄目なのはもちろんだが、一般の人に分かる言葉で説明する努力も非常に大切だ。それによって社会的な地位も上がり、若い人が研究者を目指す機会も増えていくと思う」と語っています。本当にそう思います。

論理は理解されないことを理解する

科学者が社会とかかわりたくないと思ってしまう理由には、リスクの大きさは実社会では論理的には理解されないからでしょう。いくら正確に話しても、「やっぱりいや」という反応は、ロジックで仕事をしている科学者にはきついものがあるのでしょう。科学は論理的かどうか。科学的事実として正しいかどうかを追究します。しかし、実社会では、それは必ずしも最重要ではないのです。それどころか、非合理的でも、それが通用してしまうということもあるのです。

放射性物質の話では、「食べ物にはカリウム40などの天然の放射性物質が入っていて、それも福島原発から放出されたセシウムの量よりもかなり多いのですよ、自然でも人工でも、同じ放射線ならわたしたちの体は同じように反応するのですよ」と説明しても、「天然はいいのです。福島からの人工的なセシウムはいやだ。ゼロにしてほしい」という一般の声はとても多いです。このように、リスクは非合理的に受け止められるのです。

リスクの受け止め方については、いわゆる「ニセ科学」をどう受け止めるかというところに多く共通点があります。ニセ科学とは、一見科学のように聞こえ、見かけが科学であるが、実は科学的に証明されていないもののことです。ニセ科学は、何を信じるか、危ないと思うかの判断は合理的ではなく、個人個人の好き嫌いがかかわってくるのです。

ここで、ニセ科学について広く社会に発信している大阪大学の菊池誠先生（専門は物理学）との対話（全文はリテラジャパン メルマガ第一号で公開中）を再現しましょう。

「ニセ科学の扱いが難しいのは、善意の問題がかかわっているからです。小学校の先生がどうやってクラスをよくしようかと考えた結果、もしかしたら害があるかもしれないが、『水にありがとうと言うときれいな結晶ができ、汚い言葉をかけると汚い結晶ができる』と道徳の時間に教える。この『水からの伝言』は、先生が善意でやっているところが、ニセ科学問題の一番の難しいところです。その動機は責められないのです。水からの伝言みたいな考え方は科学者が聞くと、まさにオカルトだけれど、真面目に道徳の授業に使っている先生がいるし、一度広まってしまったら収まらない。道徳に使うなら、科学的事実でなければならない。道徳というのはそれぞれの文化が背景にある。だけれど、水からの伝言のような二分法的考えを道徳に持ってくるのはだから危険だと思います」

「リスクは合理的に判断されていません。信念や好き嫌いで左右される。ある問題を気にしている人はその問題についてよく知っている。そしてとても心配している。そのリスクを心配するのであれば、タバコを止める方がよい場合もある。リスクを怖がる人は、リスクの大きさではなく、どのリスクを怖がるかにこだわる傾向がある。信念は個人的体験から来る。だからリスクコミュニケーションは難しいのです」

「科学的説明が通じる人と通じない人がいる。誰でも説得できるとは限らないが、できないとも限らない。ニセ科学に対抗していくには、コミュニケーションが大事だと思います。繰り返しますが、科学者が『あなたの気のせいですよ』と言ってはいけない。このような発言が個人的な体験を否定するからです。

個人的体験はその人にとっては事実なのですよ。だから科学者はコミュニケーションのあり方を真剣に考えていく必要があるのです。科学者がやる場合のリスクコミュニケーションで重要なキーワードは、『認知的不協和』です。相手を論破することは無意味。相手に逃げ道を開けておくこと。こういうコミュニケーションスキルは、リスクを伝えたい人に不可欠です。難しいがやらないといけません。納得と理解は違いますね。表面的な理解とちがって納得には時間がかかる。やはり地道なコミュニケーションが必要なのです」

科学者である菊池先生のお話は、なぜ科学だけでは説明できないのか、そこをついています。どう感じるかはその人にとっては「事実」です。その人にとっての事実を、論理的でない、と否定してしまうことはリスクコミュニケーションを阻んでしまいます。なぜならば、リスクコミュニケーションの目的には、相互理解という大切な要素もあるからです。理詰めで迫ってもダメということでしょう。科学だけが正しければ、社会の声や白黒で割り切れないものを否定してもよいのだといった、「科学至上主義」に陥らないように気をつけないとなりません。

漠然とした不安を「それは論理的ではない」、と否定してしまうことも好ましくないです。人は、強要されるもの、慣れ親しんでいないもの、ベネフィットが少ないもの、子供が関係している場合などによりリスクを感じやすい。逆に、自発的なもの、馴染みのあるもの、利便性の高いものにはリスクを感じにくい。さらに、男女差、人種差、教育レベルの違い、職業によっても、不安の感じ方が違うことはよく知られています。個人の感覚の違いは、当たり前とも言えますね。

福島原発から放出された放射性物質は、われわれにとってベネフィットがなく、自発的ではなく、新規の物であり、それに子供が影響しやすいとなると、どうしても数ベクレルでも、人工のセシウムが入るのは嫌というのは説明がつくことなのです。そして、その反応は個々によって違います。全く気にしない人も、とても気にする人もいるのです。

リスク心理学の第一人者のポール・スロビック氏もこれを、人間の心の特異性と説明しています。人の危機意識は独特のものだということです。

首尾一貫した科学情報の提供が必要との「科学脳」のやり方だけでは一般には伝わりません。にもかかわらず、一般の人の反応について「一般人は根拠もなく不安に思っている。だから我々がもっともっと一般人に科学を説明しないといけない」と、専門家の先生がますますヒートアップしてしまうという悪循環が起きるのです。先生方は科学の専門家であってもコミュニケーションの専門家ではありません。やはり、コミュニケーションの技術をそこに介在させることで科学の話も生きてくるでしょう。

イギリスとドイツで鍛えられた

少し私の経験をお話しします。10年間の欧州での研究生活では、どれだけ聴衆の興味を引くように話すかを常に意識するようになりましたが、最初は失敗続きでした。

研究者生活を始めたばかりの研究発表の時には、「マリコは日本人だからだね。もっと、プレゼンの時には聴衆に踏み込むように、訴えかけるように話した方がいい」と、恩師にアドバイスを受けました。それからは意識して発表するようになりました。こういうことも、訓練次第で身に付きます。

もう一度、山中先生の言葉を借りましょう。「日本ではプレゼンの重要性の認識がまだ薄い。研究のレベルが高ければよいと勘違いしている研究者がまだいる」、「研究者はすばらしい研究と、研究内容を分かりやすく正確に伝えるプレゼン力の両方を備えて初めて一人前と言える」。日本の研究者にはプレゼン軽視の傾向があり、それに危機感を覚えていると語っています。そして、自身のアメリカ留学中に、自分の姿をビデオに撮って徹底的にプレゼンの指導を受けたこと。講演が一般向けなら一切専門用語を使わないそうです。ノーベル賞受賞にあたってのインタビューでも、とても分かりやすい言葉で、周りへの感謝の言葉、ご自分の研究に向けた想いを語られていました。

今の科学の問題は、相手に分かるように伝えることが、その内容と同じくらい大切だという意識がまだ十分に共有されていないということなのです。それが科学の伝え方のテクニックの問題に出てしまっています。

プレゼン技術

プレゼンテーションの「技術」が日本でも注目されていますが、「プレゼンがうまいな」と思うのは、欧米の研究者です。

これは、分かりやすく相手に伝える、自分を表現することがどれだけ大切かを若い時から意識し、トレーニングしているからでしょう。特に参考になるのは、少しオーバーかな、と思えるくらいのアメリカ人の研究者の発表スタイルです。まず初めにジョークを言って会場を和ませる。そして、話を進める。ドイツ人研究者の発表などと比べても、雰囲気作りから、短時間でポイントをつく、そのうまさはいつも感じ入っています。

「確実なことはこの世に不確実なものしかないことだ」。原発事故後に日本に来日した英国主席科学顧問のベディントン（Beddington）氏のスライドの最後にありました。ローマやギリシャ時代の格言を発表の最後に持ってきて締めくくると、とても発表が締まります。わたしのドイツ人の恩師もとてもこういう「格言」の使い方が上手です。ヨーロッパ人ならではの言葉の重さを感じます。

科学助言機関

科学を社会に正確に伝えるにはいくつかのハードルがあります。そこで重要になってくるのが、実社会でのリスクの問題に対処し、情報を発信する政府に対して一貫した意見を述べるような科学助言機関です。イギリスやアメリカ、ドイツなどの諸国にこういった機関が設置されています。

主席科学顧問のベディントン氏について触れましたが、イギリスにはこの政府主席科学顧問（Government Chief Scientific Advisor：ＧＣＳＦ）、政府外には王立協会（Royal Society）という仕組みがあります。アメリカには大統領府科学技術政策局（Office of Science and Technology Policy）があり、政府外の組織には、全米科学アカデミー（National Academy of Sciences）が助言を行っています。ドイツでは、例えば地球温暖化の科学に関する助言機関として政府内にＷＢＧＵ（Wissenschaftlicher Beirat der Bundesregierung Globale Umweltveränderung）という組織が作られました。ドイツの大学のボスのオートウィン・レンもメンバーです。

ＥＵでも、２０１１年に主席科学顧問を初めて設置しましたように、政府内に設置される科学助言機関は世界的にも増えています。それは、不確実性の中、政策決定をするための助言が緊急時に必要だという意識が高まったからです。やはり福島原発の事故のような緊急時に、政府の統一した見解を出す仕組みが必要だということでしょう。

　イギリスの政府主席科学顧問、ＧＣＳＦが日本の原発事故を受けてどう機能したか、少しここにご紹介します。

科学顧問というイギリスの仕組み

　ＧＣＳＦは科学に関連している政府の省庁に1名ずつ任命されていて、計20名が科学的アドバイスを政府に対して行っています。これは戦後から続いている仕組みで、初代のＧＣＳＦはチャーチル首相の時です。科学的なリスク評価は独立であるべきですが、それが科学者の意見が違う場合には、リスク管理を担当する政府機関も混乱してしまいます。ですから、政策にぶれがないように、統一した見解を述べるのがその役目です。

　火山の噴火やテロなどの危機時には、戦略的緊急科学助言グループのＳＡＧＥ（Scientific Advice in Emergencies）はＧＣＳＦを母体にして組織されます。今回の福島の事故では、24時間以内にイギリス人を日本から避難させるべきかの会議が開かれ、ＳＡＧＥと各省庁の担当者からなる内閣官房情報室とが協議しました。東京には多くのイギリス人が暮らしているからです。

そこで、ベディントン氏を中心にSAGEが想定しうる最悪のシナリオを考えました。冷却装置が作動せず、爆発が連続し、放射性物質が半径500メートルまで放出され、風向きが常に東京に向かい、そして、雨で放射性物質が東京に降ったとするということです。それでも、東京から避難させる必要がないという判断が下されました。そして、「20キロ圏から30キロ圏は室内退避という日本政府の決定は、放射線のリスクに対して適切である」と東京のイギリス大使館を通じて発信されました。大使館の3月15日のリリースにすでにその話が発信されました。さらに、イギリス大使と18日に電話会議を行い、その会話の記録の詳細（トランスクリプト）も3月19日からウェブで発信されています。それには、「最悪の天気の状態でも、放射性物質が東京に届くことはない。届いたとしてもそれは深刻な健康危害を与えるものではない」と明確に答えています。この電話会議は4回行われ、その都度、トランスクリプト（記録）が公開されました。

3月25日の電話会議には英国健康保護局の担当官も参加し、3月23日の東京で起きた浄水所でヨウ素が検出された件については、「日本はイギリスよりも念のためという考え方が強い。（汚染は）イギリスであれば取水制限を出さないレベルです」と述べています。

結果として、イギリス政府は今回の事故では、ドイツやフランスと比較すると冷静な判断をしました。ですから、イギリス人は東京から慌てて避難するということがなかったのでしょう。東京在住のイギリス人の知り合いは、「イギリス大使館からの情報は生活者でも分かりやすかったです。ですから慌てることはありませんでした」と言っていました。

科学者の間の論争は、一般の人が判断することが難しいことから、時にわれわれの暮らしを振り回してしまいます。そういうことがないように、特に緊急時に統一した見解を出すという仕組みを日本にも作ることが急がれます。イギリスの対応を振り返って感じました。

第九章　企業のリスクコミュニケーションの問題

リスコミが企業戦略になっていない

コミュニケーションが花形の時代となっています。

しかし、「リスクコミュニケーション」と聞いて、尻込みしてしまう企業も多いようです。その背景には、いまだに多くの企業が「コミュニケーション＝社会貢献、慈善事業」のように考えていることが挙げられます。どこまでリスクコミュニケーションを企業の戦略として考えているかは、その企業がどこまで労力や人員、予算をかけているかで分かります。そういう意味で、リスクコミュニケーションを軽んじているところがまだまだ多いというのが現実です。

これは「リスク」という言葉が、「危険」と解釈されてしまっていることと関係があるかもしれません。危険だとなれば、ネガティブな印象を与えてしまうことから、積極的に行いたくないという誘因が働くのでしょう。

さらにその奥には、「伝える」という行為が日本企業の経営の上で重要な戦略になっていないという事情もからんでいる気がします。

経営陣の意識の問題

リスクコミュニケーションに対する経営者の意識の中には、「売り上げに直接貢献しない事業をなぜやる必要があるのか」「リスクコミュニケーションは、ＣＳＲ（企業の社会的責任）など会社の社会貢献に対応する部署がやればよい」という悠長な心構えが多いのではないでしょうか。

一方、消費者に近い現場では、生の声が入ってきますから「わが社でもきちんとリスクコミュニケーションをやらないと大変なことになるよ」という考えが強くなってきているのに、そういう危機意識を経営幹部は共有できていないという事情もあるようです。リスクコミュニケーションをどう企業の経営戦略として捉えるか。「明日は我が身」という経営陣の切迫感をどう作り出すかが鍵でしょう。

企業の安全情報の発信の悪さでメディアから批判を浴びた企業はどのような経営環境に陥ったかを覚えていますか？　一時的でも株価が下落、自主回収、販売自粛などによって目に見えるように会社の業績に響いていったのです。小さいところでは、倒産した会社もありました。過去にメディアの批判を浴びた企業の株価、売上高といった会社のデータを見たら歴然とします。

クライシスコミュニケーションの失敗は、震災事故が典型例でした。それでも、いまなお「明日は我が身」と自社の問題として捉えられていない企業が多いことに驚きます。

このような「はずしてはならない」事項が、企業の中で検討されていないことの要因には、企業の中でリスクコミュニケーションが「企業戦略」として、会社経営における柱として捉えられていないことが大きいでしょう。戦略なのですから、方針（ポリシー）と方法（アプローチ）が必要です。しかし、戦略と捉えられていないことから、この2つについてあいまいなままにきてしまっていることが問題でしょう。これは会社の経営の問題なのです。

図9－1　攻めと守りのコミュニケーションのイメージ

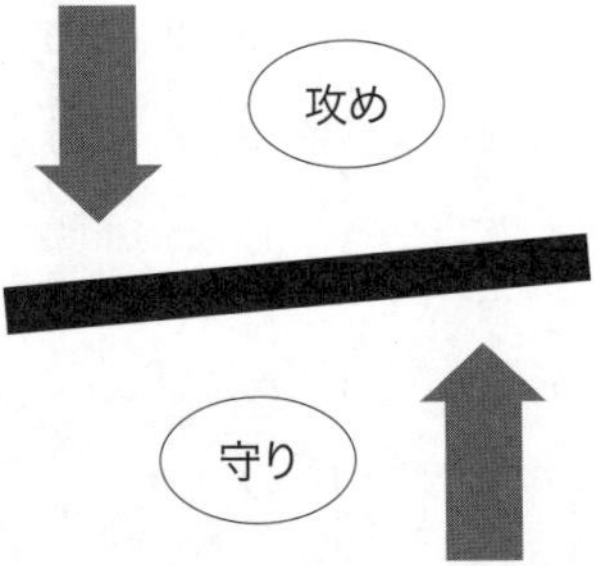

「守りのコミュニケーション」

企業の方とお話していると、製品の宣伝やPRといった、自社の良い点をアピールする「攻めのコミュニケーション」は積極的にやっていますが、会社を守る「守りのコミュニケーション」には関心が薄いと感じます。これでは、何も問題がない時から企業を守るためにこつこつとコミュニケーションに対して保険を払うという習慣がないことと同じです。ですから、トラブルが生じると膨大なコストを払うことになってしまうのです。

リスクコミュニケーションを軽んじると、危機時にしっぺ返しが確実に来ます。企業経営を揺るがすまでになったケースが日本の大企業から中小企業まで、多く見られてきました。その損害をリカバーするまでには何年もかかります。中小では倒産を逃れられなかったケースも多々あります。

これまでのケースを見ると、平時に行うべき「守りのコミュニケーション」をおろそかにしているところほど、クライシスの時の対応がおろそかになってしまっている傾向がありま す。実際に取材した記者の話では、そのような企業の多くは、広報部などの対応が普段から悪かったし、事件があった後でも改善されていないという声が聞こえてきます。

方針作りの問題

では、リスクコミュニケーションを経営戦略として戦略的にとらえ、それを実行するためには組織作り、確固たる方針を確立する必要がありますが、それをやっている企業はどれくらいあるのでしょうか。まだまだ少ないというのが私の印象です。

多くの一流企業が「コミュニケーション」を打ち出していますが、具体的にどんな体制でどのような方針でやっているのですか？と問い合わせてみると、実は組織内での共有がまだあまりできていません、と答えるところが多いのです。これは、大きな企業ほどそうだと思います。組織内部の調整ほど難しいからでしょう。

だからといって、これをおろそかにすると、クライシスが起きた際には、誰がどうリーダーシップを取るのか、どの部署が対応するのか、広報部なのか品質保証部なのか、その事故が起きた工場なのか、非常に混乱します。そうした対応だけで時間を取られてしまい、迅速に記者会見やプレスリリースができず、たとえ開いたとしても、記者会見の場で「君、そんなことは聞いていないよ」と雪印乳業の記者会見のようなことになってしまうのです。

企業全体で取り組む

リスクコミュニケーションはある一部門がやるべきではなく、経営や広報、事業部も巻き込んで、さまざまな部署が一緒になって取り組む「経営課題」として位置づけるという認識が必要です。しかし、現実にはそれへの組織作りがまだ一般的ではありません。

また、リスクコミュニケーションを率先して実行する人材も不足しているのが現状です。

クライシスコミュニケーションの失敗で散々な目にあった企業が出てきてから、緊急時の対応は注目され、「守り」のコミュニケーションとして、そのスキルが注目されています。企業の幹部用のトレーニングプログラムも提供されるようになりました。危機時の対応にはこういった専門的なスキルがあった方がよいと思いますが、しかし、その場しのぎ的な対応はコストもかかります。

常日頃のネットワーク作り、記者や関係者との関係づくりはあとあと効いてきます。ですから、本当に「守り」のコミュニケーションをするならば、平時のリスクコミュニケーションのスキルを磨く必要があります。

緊急時の対応がよかった企業は偶然にそれができたわけではありません。それは時間、労力、費用をかけて戦略的に考えたたまものなのです。常日頃からどう備えているか。もし緊急時の意識が平時にあったら、お客様や外部からのちょっとした声にも、はっと気づいて、それを実行するためのアイディアを練ることができるのです。

火災や生命保険には迷わず掛け金を払いますね。それと同じように、守りのコミュニケーションにも普段から少しずつ掛け金を払う感覚が必要で、そのスキルを高めることが重要です。ですから何度も強調していますが、平時に何をしているかが実は大きいのです。平時にできないことは、クライシス時にもできません。

リスコミを本当にやっていますか？

「我が社はリスクコミュニケーションをやっていますよ」。そうおっしゃる企業は多いです。でも本当にそうでしょうか？　実際は、安全情報の発信という第一歩に限られている場合が多く見受けられます。それでは、従来の情報提供と変わりがないのではないでしょうか？

第4章で書いたように、リスクコミュニケーンは奥の深いものです。その目的は、相互理解を進める、責務を共有する、そして、それらを通して信頼を構築するまで試みるものです。従来型である情報の一方通行的提供ではなく、双方向型、つまり、利害関係者と顔の見える関係を作っていくということをしないと、リスクに過敏になっている現代社会ではうまくいきません。まずは、リスクコミュニケーションとは一体何であって、何を目指しているものなのか。まずはそこから共通認識を作っていくことが必要でしょう。

「リスクとは何か」を説明できるか

最近、食品、生産者団体、電子機器など、様々な業界でリスクコミュニケーションのお話をする機会が増えました。そこで共通して思うのは、リスクを伝える上で重要なポイントが企業側でも整理できていないのでは、ということです。

一番多いのは、「リスクは量」「ハザードは質」ということです。5章で取り上げた通りです。わたしは講演のスライドの一枚目にこの区別を必ず説明します。聴衆が分かっているという前提で話を進めてしまうと、講演が半分くらい終わったところで、あれ？ と混乱しているケースがあるからです。ですから、講演の中では何度も繰り返します。

「リスクを避ける」「リスクにならないために」といった表現も頻繁に見ます。でも、リスクは低くすることはできても、ゼロにはできないのですから、こういった表現は間違っていますよね。もし担当者が、リスクとハザードの違いを自分の中できちんと整理できていれば、「ピン」ときて、それ間違っていますよ、と自信を持って相手に言うことができます。

しかし、情報を提供する企業の側でこれが整理できていないと、当然、情報提供の際には混乱が生じやすいし、メディアや消費者に聞かれてもあいまいな説明になってしまうでしょう。この整理ができていないと、メディアにがんがんと責められるケースでは、足元を簡単にすくわれてしまうのです。実際にこういったケースが多いです。担当者はまず、ここの違いをしっかり押さえ、社内でこの違いについては何度も何度も説明する必要があるのです。

この本の3章でも書きましたが、クライシスコミュニケーションとリスクコミュニケーションは異なるものです。緊急時と平時の情報提供はどう違うのか。優先事項は何であるかについても整理できていない会社も多いと感じます。

どう説明したらよかった?

リスクの大きさをいかに上手に説明するか。これも常日頃から重要な戦略としてまとめておくことが重要です。

リスクの本当の大きさをうまく説明できずに、怖い話だけが独り歩きして過熱してしまったケースとしては、6章で紹介した花王のエコナと明治の粉ミルクステップがあります。

これらのトラブルに共通していることは、リスクの大きさが社会と共有できなかったということです。言い換えれば、リスクやその大きさについての相場観が形成されず、リスコミではなく、危害因子、ハザードについての「ハザードコミュニケーション」が進んでしまったということです。

もし粉ミルクに含まれる放射性セシウムの発がんリスクはバナナ0・2本分、またエコナのリスクはポテトフライやポテトチップス程度、と伝えられていたならば、情報を受けた側の印象は相当に変わっていたと思います。

もっとうまく説明できたエコナのリスク

不幸だったのは、花王としては安全性には自信があったけれども、消費者の安心を得るために、自主的に販売を中止したという対応が逆に、「危ないから販売を停止したんでしょう」と捉えられてしまったことです。消費者の素朴な反応は「なんで安全なのに販売を自粛するの?」が一般的でしょう。会社の経営判断として、販売を自主的に停止したと思われますが、そうであるならば、消費者に対してもっと分かりやすい説明が必要でした。

花王は『花王ヘルスケアレポート別冊「エコナ」と食の安全・コミュニケーション』と題した1年後の報告書で「お客様、社会へのコミュニケーションが不足していました」と書いています。

私の経験から言って、大抵の記者は、時間を少しかけて丁寧に説明すれば、リスクとハザードの違い、リスクの大きさは分かってくれます。

ドイツでの発表から、日本のメディアの一面記事になるまで半年も時間があったわけですから、企業側も、ハザードとリスクの違いの説明をメディアに丁寧に行うなど、何らかの対応ができたのではないでしょうか。

ステップも残念なケース

明治の粉ミルクの件は、安全性に問題がないのだから、もっとうまく情報発信できたのにね、と取材した複数の記者が口をそろえて言うケースです。

なぜ上手く社会に伝わらなかったのかを記者に聞くと、「記者会見が開かれなかったこと」だそうです。さらに明治はウェブサイトでせっかく事の経過を説明しながら、肝心な「どんな原因でセシウムがミルクに混入したか」を解説していなかったということです。「消費者が最も知りたいことをなぜ書かなかったのか。それが大きな疑問でした」とある記者は言っています。

12月6日（2011年）午後に記者向けに発表された資料では、水素爆発によって大気中に飛来したセシウムが影響を及ぼしたと書いてあったものの、どの製品に問題となった原料が使われたのか、明治から配られた資料では理解ができなかったそうです。記者会見が開かれなかったため、記者たちは電話取材とプレスリリースだけで記事をまとめています。広報部に電話をするといつも話中でなかなかつながらなかったという声も聞きます。

結局、記者が書くために必要な「なぜ、混入が起きたのか」「どのように粉ミルクが作られているのか」「検査体制はどうだったのか」といった重要な情報がすぐに届かなかった事情があったようです。

セシウムの混入はごく微量。安全性に問題はなく、回収しないのはよく分かるが、母親の不安を認識しているのであれば、記者会見を開いて、会社側の情報を分かりやすく伝えるべきだったのでは、と複数の記者が言っていました。実際、乳原料はすべて震災前に製造されたものを使用していて、原料は大半が米国、オセアニア地域からのものだったそうです。つまり、乾燥する過程などでセシウムがたまたま混入したと思われるということでした。

消費者は、原材料自体に問題があるのか、それとも偶発的な事故だったのか、検査体制の不備はあったのか？　などが知りたいのです。おそらく、国産の原料に問題があったと勘違いした消費者もいたと思います。そういった肝心な情報が伝わりませんでした。

エコナのケースも、明治の粉ミルクのケースも、なぜ、どうしてトラブルが起きたのか。リスクが高いのかそうでないのか。そういった現実的な情報を消費者は求めています。残念ながら、これらのケースではリスクの大きさを伝えきれませんでした。既存の食べ物のリスクとの比較で、記者たちにリスクの大きさを説明していたら、ここまで大きなニュースにならなかったのではないでしょうか。

ソフトが弱い

まあ、そうはいっても、10年前と比べると、企業側からの分かりやすい情報提供は少しずつですが進んできています。

それでも、安全情報を分かりやすい形でどう流すかという工夫（ソフト面での試み）が得意な企業は、日本ではまだ少ない気がします。わたしも様々な業界でリスクコミュニケーションのお手伝いをしていて思うことは、日本の科学技術はとても高度で進んでいるのに、それを外に発信することが苦手ということです。

いくら性能の良いものを持っていても、それをアピールすることが不得意なのです。

ソフトということでは、「コンテンツ」や自社のメッセージを顧客に分かりやすく見てもらえる「見せ方」が問われてきますが、そういう行為に大きな価値を見出している企業が少ないのではないでしょうか。

大きな会社がウェブで公開しているビデオなどがよい例です。一般的で記録的な映像が多く、そのビデオで何を訴えたいかのポイントが強調されていません。ポイントがぼやけています。そうではなく、ビデオの向こう側にいる人たちのことを思い浮かべながら、メッセージをどう組み立てるかのイメージを作っていかないと、顧客は見てくれないでしょう。

現代社会では日本企業が得意なハード面だけではなく、コンテンツ、ソフト面も問われる時代ですから、本当にそれだけで勝負できるのかを真剣に考えなくていけません。「良い製品を提供すれば消費者はちゃんと付いてくる」という価値観がもはや通用する時代ではありません。

企業内科学集団を使い切っていない

日本の企業には優秀な人材が多いのですが、その高い能力が活用されていないのも問題でしょう。

企業からの安全情報発信の弱さのひとつは、企業内の科学者集団を生かしきれていないという点があります。企業の研究所では第一線の研究をしているにもかかわらず、社会と接する情報発信が少ないのです。

これはよくよく思うことですが、「危ない」といった報道が起きた際に、企業はどうして広報部、品質保証部、研究所の科学者たちが一緒になって、適切で分かりやすい情報をメディアに提供しないのか、ということです。リスクの話は複雑ですから、広報部だけでは対応しきれないケースが多いです。研究所や関連部門の科学者や技術者は、研究だけではなくて、企業の情報発信にもっと積極的にかかわってもよいのではないかと思います。

海外の行政や企業には、リスクコミュニケーションの担当部署に、科学、リスクコミュニケーションの両方の分野に通じた人材を配置しています。欧州食品安全機関（ＥＦＳＡ）のリスクコミュニケーションのトップは、ハーバード大学で生物学を専攻し、大手食品会社のケロッグの広報部で活躍したフランス人の女性です。彼女の下には、元ロイターの男性記者などもいて、メディア対応の体制がしっかりできています。英国の食品基準庁も同様で、元ＢＢＣのディレクターなどが内部で情報発信のアドバイスを行っています。

リスコミには専門知識がある人、コミュニケーション能力の高い人といったように複数の人材が必要です。担当者を誰にするのか。研究所を含めた広い部門を視野に、リスコミチームを作っていくことが鍵でしょう。

「ステークホルダー」という概念の希薄さ

リスコミでは「ステークホルダー」という広い意味での利害関係者とのかかわりも重要です。

利害関係者との対話は、日本でもだんだんと注目されてきていますが、それでも、90年代半ばから企業の戦略として位置づけて着々と実行している欧米の多国籍企業と比べると、日本のレベルは低いと思います。

実は、15年ほど前に、イギリスから日本に一時帰国した際に、企業とステークホルダーという講演をある素材業界で行ったことがあります。話の内容は、従来の利害関係者だけではなく、環境団体や最終消費者などの広義のステークホルダーとも積極的に対話していく欧米企業についてでした。当時、私が所属していたインペリアルカレッジ・ロンドンの環境技術センターの大学院で最先端の試みとして授業でも頻繁に紹介され、企業のトップが参加するような関連イベントも盛りだくさんありました。石油会社のシェル、大手の食品企業、通信会社なども率先して行っていたものです。ブリティッシュ・ペトロリアム（ＢＰ）はイギリスの会社ということもあって、当時のトップのブラウン氏は率先してロンドンでのステークホルダーイベントに参加されていて、会場でお会いしたことがあります。

私は、こうしたイギリスで実体験してきたホットな話を披露したのですが、「ステークホルダーとは何だ」、「従来のお客様とサプライヤー対応で十分だ」「日本にはなじまない」と言われ、懇親会の握り寿司が、苦い味になってしまったことを思い出します。

ですから、ここ数年、日本でも「ステークホルダー会議」が実施されるようになったのには、時代の変化を感じます。最近は、食品の大手企業による「有識者ダイアローグ」「ステークホルダー会議」が、顔の見える双方向の形で増えてきていますね。

もう一つステークホルダーとのかかわりで企業側が誤解していることがあります。「対話や円卓会議をすることで成果を出さないといけない」という意識です。

そうではありません。それをやることに意義があるのです。企業が広い社会の様々な関係者の声をすくい上げようとしているのか。耳を傾けそれに真摯に応えているか。それが試されているのが対話の場です。ですから、何かの結果を出すというのではなく、継続してそれを続けるということだけでも価値と意義があるのです。

そして、直接聞いた声には反応したくなるものです。

記者会見の作法

クライシス時には、記者会見は重要な位置にあります。

「私は寝てないんだ」。何度かふれましたが、有名になってしまった雪印の会見での発言です。この言葉の背景には、記者会見の席で企業側からの説明が足りず、記者がさらに帰り際のぎりぎりまでコメントを求める「ぶら下がり取材」の際に、思わず出てしまった社長の言葉だったという状況があったのです。心身ともに疲労していれば「いい加減にして」ということを言いたい気持ちは分かります。しかし世間受けする「絵」をメディアが「切り取る」

ことを記者会見の場では意識しなければなりません。

企業がメディアを避けたい気持ちは分かります。何かがあったら企業が「申し訳ありませんでした」、とまるで悪人探しのようなスタンスで、相手が謝罪するまで執拗に攻め続けるやり方には違和感があるからです。一方、記者会見の席で、記者がどんな情報を求めて、どんなものであれば理解できるのか、企業側が把握していればこの事態は避けられたかもしれません。

緊急時の記者会見では、原発事故後の東京電力の記者会見が失敗例の典型でしょう。あるテレビ局の記者が、もっと分かりやすい言葉で、記事に出しやすいようにA４一枚にまとめてくれればなあ、それをそのまま記事に使えるような資料もあればありがたい、ということをぼやいていました。

記者発表のタイミングも重要です。

記者と社会との関係を改善することに積極的に活動している日経新聞の前村さんは、企業は「把握できている情報は隠さず、積極的に開示することが基本」「発表のタイミングも重要」と、話されています。

タイミングと時間には、新聞社の制作スケジュールを知っておくことが必要です。翌日の朝刊向けでは、16時～18時ごろに編集会議があり、21～22時には朝刊の早版（東京から遠い地域には早く印刷して配る必要があり、その早く印刷した新聞を早版という）の締め切りがあります。21時以降にさらにまた編集会議があり、22時以降に遅い朝刊の締め切りがあるそうです。最終的には夜中の1時まで記事は間に合うそうですが、こういうスケジュールを見ると、夜遅くに記者会見をするのは最悪です。取材のための時間が取れず、翌日の朝刊に掲載されないケースも出てきます。

担当者の陥る間違い

もう一つ企業の担当者がよく陥る思い込みは、「記者には自分たちと同じレベルの知識がある」という前提です。

記者は実は、様々な分野の取材をしていますから、企業の担当者のように一つの分野に精通しているわけではありません。記者に専門知識があると勘違いして話を進めていくうちに、双方の間にミスコミュニケーションが起きるケースがあるのです。

記者がどのような問題意識を持っていて、何を求めているか。記者はどのタイミングを望んでいるのか。そういうことを企業が把握することができたら、適切な情報を出すことができます。企業側からの働きかけで、記者との衝突も避けることができます。

また、企業の方は「記者」（特に社会部の記者）というだけで警戒しますが、こういう意識は記者との関係作りを阻害します。

私も実はそうでした。でも実際に付き合ってみると、社会部の記者でも、好奇心や個性の強い人間が多いだけで、他の業界、例えばアカデミックな分野でも同じではないでしょうか。

取材となると、担当者は広報部に回します。一方、広報部は会社を守るところなので、情報も表面的なものになりがちです。しかし、記者はもっと深いネタが欲しいのです。欲しい情報が出てこない場合、欲求不満が募ってくるわけです。記者と広報部の間のコミュニケーションのこじれなどが重なって、紙面に出る際には、あの技術は問題だ、というような記事になってしまうことがあることを実際に記者から聞きます。

記者との関係づくり

記者も人です。

「広報部の対応が悪い」「取材を拒否された」「電話を何度かけても通じない」「会社のコメントが取れない」。ちょっとした対応やコミュニケーションのこじれが、会社の評判を落としかねないのです。

メディアが煽るからいけない。そうおっしゃる方は多いと思いますが、メディア批判だけでは、リスコミの進歩は期待できません。その先にあるメディアとの関係改善を実現するためには、自社のコミュニケーションのあり方を少し振り返ってみて、それを改善する努力を行うことが重要でしょう。有事における記者への窓口体制が十分かどうか。取材を拒否することには弊害もあるなど、いくつかの事項を確認しながら備えたいものです。

ある新聞から、アジアからの食材の利用状況についての取材を受けて、匿名取材を受けたのに実名が載ってしまって抗議したのだが、逆にそれを読んだ他社からの好意的な取材につながった、という話も身近にあります。リスクを小さくするためにすることが、チャンスを逃すことがあります。リスクを極端に小さくしすぎず、記者との友好的な関係を作り上げることが大切だと思います。

「マスコミが変わらないか？ 確かに一企業が何かを発信したところですぐにはよくならないでしょう。でも何も発信しなければ変わらないか、間違ったイメージが固定化してしまいます。メディアを変えようというのではなく、まず私達が変わるべきではないでしょうか。自らの製品について分かりやすく説明していないからではないかということを自分に問う必要があります。そしてメディアの方に理解を深めてもらうことは可能なのです。記者と腹を割った話をすることは可能ですよ」。私と一緒にメディアとの関係づくりを進めている食品メーカーの仲間の言葉です。

「ゼロリスク」は誰が作ってきたか

「100%の安全はない」「一定以内のリスクは許容しないと、現実の生活ができなくなる」「不安に思う気持ちは分かるが、科学の世界に絶対安全はない」。

こういったことを、メディアに責められた企業がどれだけ記者会見の場で言いたかったことでしょう。でも、そんなことを言ったら、逆に「何を言っているのだ」とさらにバッシングされますから、企業は言いません。でも、こういう科学的なことを言えない空気を作ってきたのは、実は企業でもあるのです。

「遺伝子組み換えの大豆は使っていません」といった、遺伝子組み換えゼロ表示。「○○ゼロ」「添加物ゼロ」「防腐剤ゼロ」。これらは企業がマーケティングのために使っています。でも、ことの初めは、説明をしないで、ロジックよりもお客様の感情を優先し、それに応えてきた企業のやり方がどんどんお客様の「ゼロ」要求を加速化させたと思います。そして結果的に、「安心」という言葉の多用につながってしまいました。

「安全安心」というキャッチコピーがいつのまにか日本で定着した背景には、企業によるこうしたゼロ表示も関係しているような気がします。

ただ、安心を前面に出すことには懸念があります。「安心」を訴えても、それは「国内標準」であって、グローバルにビジネスをする時代にはそぐわないと考えます。

少し説明しましょう。

安心からの脱却

安心という言葉は英語に直訳できません。欧米の企業は、「Product stewardship」（プロダクト・スチュワードシップ）という言い方で、自社の製品への責任を打ち出しています。これは、飛行機のスチュワード、スチュワーデスという言葉からも連想されるように、製品に寄り添うというニュアンスです。ただし、それを前面に、マーケティングの用語として使っているところはとても少ないです。あくまでも、安全で品質の良い製品を販売することで企業の責任を果たすというスタンスなのでしょう。持続可能な森林から作られる原料を使う、水質汚染や廃棄物処理に注意を払う、雇用を生み、現地の発展にも貢献すること。そうやって企業としての社会貢献をすることが、プロダクト・スチュワードシップとして考えられます。

プロダクト・スチュワードシップは企業が経済活動を行う際に、バランスの良い行動を取ることが求められるということです。一方、「安心」となると、消費者からの過度のゼロリスクへの要求にも応えないといけないような傾向があります。それに応えるのも企業としてのひとつの方針としてあるのかもしれませんが、社会全体がそれに引っ張られてしまうと、過度のロスを生んでしまいます。

「ゼロリスク」「念のため」をマーケティングの一つとして使うことは企業の一つの戦略です。でも長い目で見ると、過度の管理や規制を煽り、結果的には、企業単体だけではなく、業界全体や社会全体として首を絞めるケースがあるのです。例えば、新規技術や医療の許認可の遅さです。結果として、それを必要としている患者さんや現場を苦しめてしまうのです。過度の干渉を煽る「安心」が実は、「安心」につながらないこともあることを自覚することが大切だと思います。

今必要なことは、リスクの大きさ、ベネフィットの大きさ、双方を丁寧に伝えるための方針と方法の策定、そして、「安全」を「信頼」につなげ、それで「安心」してもらうシステムの構築なのです。今の議論では「安全」を「安心」に直接つなげようとするから無理があります。無理があるから、いつまでたっても安心できない、ということになってしまいます。

安全↓信頼↓安心と、その中間にある「信頼」にもっと目を向け、それをどう作っていくか考えていくことが大切です。信頼を作り出す一つのツールが、リスクコミュニケーションなのです。

第十章　どうすればよいのでしょうか：リスコミの実践へ

最終章ではこれまでの研究と実践経験から言えることを皆さんにお伝えしようと思います。リスコミをどう始めたらよいのか、どこが押さえるべきポイントなのか。そうしたヒントを中心に綴ります。

リスクコミュニケーションのポイントは大きく分けて二つです。理論を理解する。そして、実践です。この二つの比重では、実践が9割でしょう。リスクコミュニケーションは「生きた技術」です。しかし、実践するに当たっては、背骨、つまり、フィロソフィーがないと場当たり的な対応になってしまいます。基礎的な理論を押さえる。実践する。理論を振り返りながら前に進んでいく。こういった地道な努力がリスコミにも必要なのです。製品の品質管理で言えば、ＰＤＣＡサイクル（plan-do-check-act）と同じ、継続改善プロセスです。

ゼロリスクからリスクの「許容」へ

リスクの考え方を根付かせるには、まず初めに「リスクをゼロにする」という考え方を卒業してもらうことが先決です。ほとんどの科学技術には不確実性が伴います。けれどもこれまで事業者側は「絶対安心です」「ちゃんと対策を施し、安全と言ってよいでしょう」と社会に伝えてきました。

図10－1　利害関係者の責務の共有のイメージ

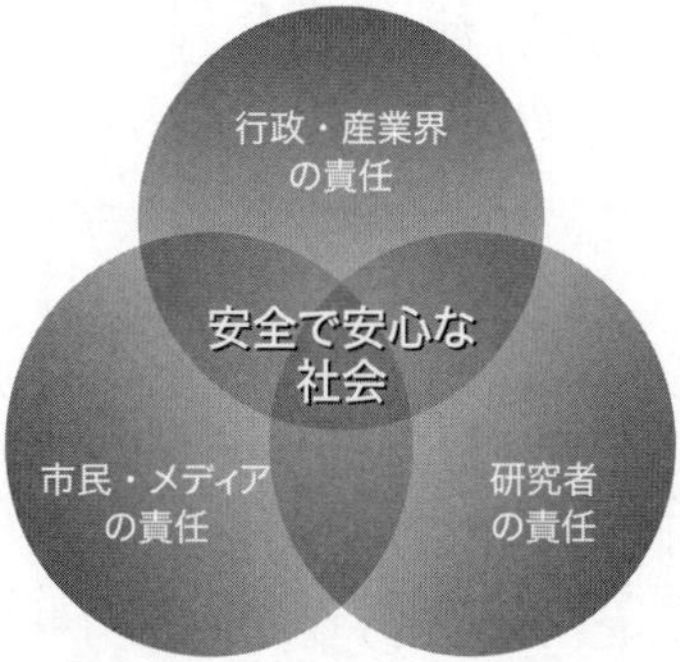

これがいけないのです。事故やトラブルが起きた際に「やっぱり安全ではなかった」「裏切られた」「もう信頼できない」「だからゼロリスクにしてほしい」と逆の反応が起きてしまうからです。白か黒かの議論にもっていくのは賢いやり方ではありません。

科学には「１００％」はないのです。現実にあるのはリスクが大きいか小さいかの「程度」だけです。リスクには「グレー」である不確実性の部分が多いのが現実です。ですから白黒の二元論ではなく、上から目線の「受け入れてください」でもなく、社会全体でリスクをどこまで「許容」するかという考え方に移行していく必要があるのです。

責務の共有を目指した枠組みを

「誰かにお任せ」ではなく安全で安心な社会を作る

ために消費者もメディアも責任を持つ。それぞれの責務を明確化する。それを図式化したのが図10‐1です。その上で対話型、もしくは対話よりもっと深くかかわる「参加型」のリスコミを実践をしていくのがよいのです。行政や企業がメディアや消費者団体と対話することが具体的には一つのステップになるでしょう。

参加型は万能ではない

ただし、ステークホルダーが議論に積極的に加わる参加型には限界があります。私はイギリスとドイツで10年間、参加型のリスクコミュニケーションの可能性を研究してきて、博士号取得後のポストドク時代には、ドイツのドレスデンとベルリンで行われた市民が参加して科学技術を評価するコンセンサス会議という方法も間近で見てきました。

その経験から、専門家と同等に市民がある政策について提言する、もしくは結論を出すという参加型にはいくつかの問題があると思っています。

まず、参加者の数は全国民の数に比べたら非常に少ないので，大きな範囲の科学コミュニケーションの手段としては限界があります。メディアが発信する情報と比較しても，社会全体に向けた影響力は限られます。ドイツでのコンセンサス会議でもそうでした。

主催者と参加者のずれ

ベルリンでの会議は、市民パネルの構成でも問題が発生しました。私は2回ほど傍聴しましたが、だんだんとパネルへの参加者が減っていくのが明らかでした。無作為抽出で選ばれたさまざまな市民が参加していましたが、その選出方法でも限界があったのです。

市民パネルの中の議論が公平かという点では、いつも困難があります。声の大きい人の話に議論が引っ張られるからです。ドレスデンの会議では、元刑事の男性が議論を引っ張っていましたが、この男性の誘導が強かったという声を、後日行った複数の女性の参加者へのインタビューで聞きました。

主催者側と市民側の間の円卓会議の利用目的についての意識のずれがあります。例えば、各国で行われたコンセンサス会議の市民パネルはあくまでも「参考までに」「実験的に」といった主催者の意向とは異なり、会議の結果が今後の政策決定へ与える効果への期待を少なからず抱いていました。ですから、市民側は「自分たちの意見はごみ箱行きか」と憤りを見せていました。

費用対効果も課題の一つでした。

参加型は多大なコスト、手間と時間がかかるからです。

誰に責任の所在を負わせるかという問題も起きます。

つまり、市民を参加させることで、すでに決定されている政策にお墨付きをもらう、または市民に政策の決定の責任を負担させ、責任の所在をぼやけさせるという主催者側の悪用の可能性が市民参加型にはあります。逆に、市民側に特定の目的を持ったグループが乗り込み、市民という名のもとに円卓会議を悪用する可能性も存在するのです。複雑な問題を感情的に判断することで市民側が表面的決定を下す可能性、市民は最終的には決定したリスク政策の結果に対し責任を負わないということで、実行が不可能な結論を出す可能性などもあります。

その決定過程に誰を参加させるのか、その範囲をどう決めるのかも難しいです。また、市民参加型の手法で既存の力関係に左右されず率直な意見を本当に交換し合えるのか、という点でしょう。さらに、円卓会議で出てきた市民の意見はある母集団の代表では必ずしもなく、代表的意見としての正統性を欠くことが大きな問題となります。

一般からの参加者がある科学技術についてさまざまな側面からそのプラスマイナスの部分について情報を得ているかといえば普通は専門家にはかないません。情報の偏りがある中で市民参加者が物事を決めるという方法は、実験なら許されるでしょうが、それが政策決定につながるのであれば、誤った方向に進んでしまうリスクが高いやり方です。例えばドイツはナチス時代の全体主義の反省から、国民投票といったやり方には非常に慎重です。

参加型と社会土壌の関係

やはり大きな難しさは、こういった参加型の結論をどこに位置づけるかという問題です。

コンセンサス会議最終日の様子
上はドレスデン、下はベルリン（筆者撮影）

ドイツの場合は、コンセンサス会議が盛んなデンマークのような国で行われているようにはうまくいかなかったのです。なぜでしょうか。国の大きさというものもあるでしょうが、市民参加型手法という先進的な社会技術が、政治体系、社会構造、文化、行動規範などの社会土壌と相互作用し、摩擦を起こすことが考えられます。

日本でも市民参加型の社会技術が盛んになっています。しかし、今後の発展のためには、これまでの実施例のレビューと評価が必要です。それをたたき台にして、日本の社会構造、文化や行動規範に合った手法をどう開発していくかの研究が必要です。

欧州という社会で成功したやり方を、日本にそのまま輸入しようとすると、摩擦がどこかで起きることでしょう。ですから日本に合ったやり方を考える必要があるのです。そして実践には、「市民参加は両刃の剣である」という事実を参加者全員が理解した上での試みが望まれるでしょう。

参加型は万能ではない。その一方、閉じた空間でのトップダウンの議論では社会から不信の目で見られてしまう。

このジレンマをどう解決すればよいのでしょうか？

私は行政や事業者、そして科学者という、情報を提供する側が相手の視点に立って安全情報を伝えることが重要だと信じています。

相手に本当の情報を伝えたい、相手の不安を軽くしたい、という強い気持ちを持つこと、つまり、相手がいることをもっと強く意識してリスクコミュニケーションを行うということです。

リスクコミュニケーションは究極的には社会をよりよくするためにリスク評価とリスク管理を伝えることです。自己弁護、責任回避かのごとくリスクコミュニケーションをなんとなくやっています、というのは社会にとってとても不幸なことです。

安心だけでは不可能

手始めに、「安全安心」という言葉を政策や企業方針の中に使っているにもかかわらず、安全を安心につなげるためのリスクコミュニケーションを行わないことに疑問を投げかけることはどうでしょうか？

前章で問いかけましたように、「安全安心」という言い回しには、「安全」を「安心」につなげるために必要な「信頼」というキーワードが抜け落ちてしまっています。私たちには「この人は信頼できるから安心だ」と思う感覚があります。ですから、相手に「安心」してもらうということが最終目的なのであれば、「信頼」というところにもう少し目を向けていかなければなりません。

今のままでの「安全安心」ですと、「安全のために徹底的に検査します」「安全安心のためにゼロにします」というような、極端な選択肢になりがちです。存在するリスクを、「絶対安全です」と、まるでないものにしてしまうということでは、いつまでたっても安心できません。

「安心」は気持ちのあり方です。「この会社だったら信頼できる」「この人だったら大丈夫」と安心できるのです。ですから、人や組織に対する「信頼」を「安心」につなげる発想の転換が必要です。その一つの道具として、リスクコミュニケーションは重要な役割を果たすのです。

「安心は日本標準」

「安全安心」のあり方に疑問を投げかけたいもうひとつの理由は、グローバルで勝負したときに果たして「安心」というやり方は本当に通用するのかということです。

日本の「安全安心」にあたる表現は、欧米では先にふれたプロダクト・スチュワードシップ(日本語で、製品の開発、製造、管理責任)です。しかしそれは、安心のためにはお客様のどんな無理な要求でも費用をかけて成し遂げるというものとは明らかに違います。お客様のために良い商品を提供するというニュアンスです。

「安心」を前面に出すことは、ある種の洗練されたマーケティング手法です。しかしこれは豊かで洗練された日本の市場でしか通用しない部分があるのです。「安心は日本標準」とは、作家の村上龍さんが書いていました。

「日本市場の口うるさい消費者を相手にしているうちに、高くても高機能なら売れるという内向きの発想が凝り固まってしまいます。その日本での成功パターンを新興国に持ち込んでも、通用するはずがない」と『現実を視よ』の中で「ユニクロ」を急速に海外で展開しているファーストリテイリング会長の柳井正氏が警告しています。

「安全安心」が行き過ぎると、グローバルマーケットにおけるバランス感覚を失うということでしょう。

ですから、「安心社会」から「信頼社会」へ転換していかなければならないのです。

安心のコスト

もう一つの大きな問題は費用ということでもあります。「安心」のためということになると非常に大きなお金が動きます。しかしその大部分は税金です。安心のコストを誰が負担するのかとなったときに、結局、税金、もしくはメーカー、あるいは生産者が負担してくださいということになりがちです。消費者の方からすれば、自分たちがそれを負担するのは困る、でも安心したいから誰かが払ってください、となっていきます。「安心」というのは非常に心地良い言葉ですが、事実をオブラートに包んでしまいます。そして、安全の感覚がゆがんだ状態で伝わり、その結果、コストがかかってしまう。いくら費用をかけても「どうしても安心できない」という状況になる可能性は高いです。現に、放射性物質の基準値も消費者の安心のために、生産者の犠牲を伴って世界の中でも最も厳しいと言ってよいほど厳しく設定されましたが、いまだに安心できない人が多いのが現状なのです。

コストの話は責務の共有

冷静なリスク議論がなかなか日本で進まない要因の一つに、このコストの社会議論が行われないことがあります。

経済コストの議論はリスク管理では重要事項です。リスクを限りなくゼロにするために税金を使い、企業が負担することでどれだけの費用対効果が本当にあるのか。公共福祉の視点から税金を優先的に投入すべき事項が他にあるのではないか。社会の求めるゼロリスクを実現するために、企業が内部留保や賃金を減らしてまで負担すれば、会社の体力はそがれてしまう。そういった議論が欠如している場合がとても多いのです。

「安全安心」を強調するあまり、新しい科学技術の負の側面が過度に強調され、イノベーションとのバランスが崩れ、持続可能な社会への道のりが阻害されることもあるのです。

ゼロリスクを取ることは、経済的損失というリスクを実は取っているわけです。コストとベネフィット（費用対効果）の議論、そして、どのリスク削減を優先するかという「リスク対リスク」の議論はだから重要なのです。新しい技術はすべてリスクであると、ひとくくりに「危ない」とみなす総論的リスク認知のパターンも要注意です。

繰り返しになりますが、リスクの議論になると、「国のお金で対処する」という言い方で、その資金が実にわれわれの税金から出されることにベールが被されてしまいます。税金も企業の資源も、財源は無限にはないですし、経済がこれだけ停滞していて、国の財政が破たんしつつある時代に、そのような悠長なことは言ってられるのでしょうか。

安全を担保するにはコストがかかります。そのコストを負担することは、行政や事業者だけの責務ではなく、消費者を含んだ社会全体の責務であるという「当事者意識」を共有する必要があります。「誰かが払うでしょう」ではなくて、現実問題としてです。この章の冒頭で書いた責務の共有です。有限なお金をどう使うかを議論することが急がれるのです。

科学と一般をつなげる＝リスコミ

日常での多くのリスクが白か黒か決着のつかない、グレーのリスクです。とにかく何でもリスクをゼロにするのではなく、バランスの良い、「理にかなった」リスク低減の努力が本当は必要です。一定以下のグレーのリスクは社会で許容していく必要があります。そのためにはリスクの大きさを科学的に評価すること。そして社会にそれを伝えるリスクコミュニケーションの出番が来るのです。

被災地の話をすれば、大きな課題は経済復興です。私たちが生活していく上での安心感は、生きる上でお金に困らないという最低限の安心感が得られたときに生じます。被災地の復興作業は遅れており、経済的に大きな打撃を受け、将来への不安を抱えながら暮らしている人たちがいまも多くいます。

本の前半でも書いたように、原発周辺の一部地域を除き、放射線リスクの大きさはすでに健康に影響するレベルではなくなっています。それでも福島産のものを避けるという行為は、結果的に福島の農家のやる気をそいでいるということに思いをめぐらすことが必要です。

被災地の相手のことを思いやる行動を率先してできるのが、日本人の良さだと再認識したいものです。福島の農家の話を現地で聞いた「つながるツアー」の映像が、リテラジャパンのビデオギャラリーで公開されています。ぜひご覧になってください。

では、具体的にどうリスコミを始めたらよいのか。そのポイントをいくつか最後にまとめておきましょう。

目的を明確にすること

「聞いていて、何を伝えたいのか今一つ分からないなあ」。リスコミをやっていて、こういう声をよく聞きますが、その原因は何でしょうか？

まず第一に、伝える側に、明確な目的、もしくは戦略がない場合が多く見られます。リスクコミュニケーションで何を達成したいかが明確になっていない場合、ポイントがぼやけますから、聞いている側にその意図が伝わらないことが多いのです。なぜそれを行うのか、何を達成したいのかについて、事実と数字に基づき、現実的な目標を立てる必要があります。ここでは事実（fact）を直視することが鍵となります。

そして、短期の目標を立てて、その目標がどこまで達成されたかを事後評価する。グランドデザイン（中長期目標）の中では、途中の目標や達成度がどこの位置にあたるかを常にチェックしておくことが大事です。おなじみのＰＤＣＡサイクルです。

目的や目標は明確に文章化し、かかわる人の間で共有しておく必要があります。これを怠ると、行き当たりばったりになってしまいます。リスクコミュニケーションを行うことが目的になってしまうのも目標設定の曖昧さから来ます。

組織を作ること

次に、リスクコミュニケーションを行う組織を明確にし、意思決定の仕組みを作っておくことが必要です。

企業の担当者と話をしていると、多くの企業ではリスクコミュニケーションを行う部署が企業のさまざまな部門に広がっていることが分かります。CSR部、広報部、品質保証部、お客さまセンターが中心ですが、これは大きな組織になればなるほど顕著です。

しかし、問題は、どこの部署がリーダーシップを取るかということです。お互いに遠慮してしまい、他部署の担当範囲まで意見できない、というようなことが多々起きているようです。ましてや企業が集まっているグループカンパニーだと、他社のやり方には口を挟めなくなります。やはり、組織上の指令系統を明確にし、企業の幹部レベルがかかわるような仕組みを作る必要があると感じます。そうでなければ、平時はともかく、緊急時には対応できません。ここ10年の企業の不祥事や事故には多かれ少なかれ、この指令系統の曖昧さが露呈していました。

外部の視点で客観視する

リスクコミュニケーション活動を客観視することも大切です。

日本の組織は、優秀な人材がそろっていることから外部の意見を取り入れるというより、内部で処理する「自前主義」の傾向があります。ただこれでは外からの視点が入りにくく、自己満足になってしまいがちです。ですから、外からの意見を取り入れつつ、内部からの意見と合わせて集約させるような方法が理想的なのです。

「外から」というのは、何も会社の外だけということではありません。違う部署の人から客観的に意見をもらうことも一つの方法でしょう。ある食品会社は、一つの商品を世に送り出す前に、企画や販売の中心であるマーケティングや事業部とは全く関係のない部署の人に、その製品について意見をもらうという試みを実践していると聞きました。これは、ともすれば独りよがりになりがちなアイデアをならすためには有効でしょう。組織内の若い世代の意見は、ともすれば組織の中で消えてしまいがちです。しかし、若い世代の意見というのはひとつの時代の流れを作っているとも言えます。ですから、若い人材が積極的に意見を言いやすい環境も整える必要があります。リスコミの大切な要素は相手の話に耳を傾けることです。リスクコミュニケーションを行ったことに満足してやりっぱなしは問題です。事後評価をし、それを丁寧にレビューして、次につなげるような学習機能が組織に備わっている必要もあるでしょう。

これまでの話をまとめてみると、次のようになります。

まず目的や目標を立て、それを実現するための戦略を立て、その実現に向けた組織を立ち上げ、そしてリスコミを行う。そのあと、外部の目で評価する。そしてＰＤＣＡサイクルを回すように繰り返していく。これらを行うためには、人材、時間、労力、予算といったさまざまな資源が必要です。

リスコミは組織を外に開くことでもあります。ともすれば保守的な考えと衝突してしまうかもしれません。それを貫く情熱もないと進んでいきません。

リスコミは「技術」

リスクコミュニケーションは「ソフト」であるけれども、「技術」であることも押さえましょう。

リスコミの目的は、安全情報の伝達だけでなく、足を運んで顔と顔を合わせて、相手の話に耳を傾け、意見交換をする。さらに、対話を通して問題意識を共有し、責務を共有していく。そして、この過程を通じて信頼関係を築きあげていくことを目指します。

リスコミは一種の技術ですから、準備なしに誰でもできることではないのです。対話は、事前の設計なしには成り立ちません。相手に合わせたメッセージを組み立て、説明資料を丁寧に準備することが必要です。これらを理解した上で果敢な実践が求められるということです。

リスコミを誰が行うかということも重要です。

話上手な人、聞き上手な人はたくさん世の中にいますので、全くのノウハウなしでも、ある程度まではできる場合もあります。しかし、リスクの議論が複雑な時、例えば、話がこじれている場合や不信感がある場合、世界観や価値観が絡んだ議論の場合、関与する関係者が多い場合には、それなりのテクニシャンでないと対話を進めることは難しくなります。

ですから、リスクコミュニケーションに関わる人は、どこが押さえるべきポイントか、これだけはやってはならない「地雷」のようなものに関する見通しの立てることのできる知識が必要です。また、講師や専門家の能力を最大限に生かすことができる人、できればある程度の訓練を受けている人が最適でしょう。

テレビ番組ではディレクター、オーケストラでも指揮者の存在が鍵となりますね。安全情報が伝える「物」であるのであれば、リスクコミュニケーションはそれを伝えたい人がイメージできるように「物語」にする。そのような役割を担う人材が鍵になります。それと同じような感覚です。

リスコミはソフトではありますが「技術」であること。それを通して誰に何を伝えたいかを意識することで、リスクは伝わりやすくなります。「意識する」ということが実に大切です。そうすることでかなり改善することが多いからです。

相手の視点で

リスクコミュニケーションは、リスク評価とリスク管理を通じて、社会をよりよくするために役立てるという大きな使命を持っています。

リスクコミュニケーションにはいつも相手がいます。相手に伝わらなければリスコミは成立しません。ですからまず相手が何を考えているかを、相手の言葉、表情、身振り手振りから「察する」ために、アンテナを研ぎ澄ませます。それからその相手の視点に立ち、相手の目線で話すことが大切なのです。頭に焼き付くように、具体的にイメージできるように伝えることが大切です。

もしリスコミがうまくいかない場合、本当に相手の視点に立っているか、自己満足ではないかを点検する必要があります。

リスコミは相手に腑に落ちてもらうこと

リスクコミュニケーションは説得をするものではありません。そうではなくて、相手にリスクがどのようなものか、どれくらいの大きさかのイメージを抱いてもらい、自ら行動を起こすための意識付けを行います。メッセージを受ける相手が「へー、そうなのか」と、腑に落ちてもらわないと、なかなかその人の行動は変わりません。説得しようとしてもなかなかうまくいきません。例えば禁煙です。「たばこは健康に悪いからやめましょう」と言う代わりに、「たばこのリスクはこれくらい高いですよ。実際、喫煙者の男性の奥さんの肺がんになる確率はこれだけ高いです。あなたとあなたの家族の健康はあなたの判断ですよ」と言ってみたらどうでしょうか。きっと反応が違うでしょう。

説得型がだめだからといって、今度は淡々と、データを並べて立て板に水のような冷たい説明をしたらどうでしょうか? それはそれで問題があります。これは行政にありがちな間違いです。

「行政がリスコミをためらうのは、相手を説得してはいけないという前提があるからなのですよ」。被災地で放射性物質の説明を担当している行政官の悩みです。彼の話を聞いて、だからとにかく公開できる検出データをたくさん並べて説明しているのだな、と感じました。でも「○○ベクレルが検出されました」「△△ミリシーベルトです」と数字で説明されても腑に落ちるでしょうか。そうではなく、それらが日常生活の中で無数にあるリスクの中でどれ程の大きさなのか、生活者が分かるように説明することが大切なのです。数値が何を意味しているのか。相手にその大きさをイメージしてもらって、「ああそれくらいね」と、すとんと腑に落ちてもらうようにどうコミュニケーションするかの工夫が肝になってくるのです。

やさしい言葉で、大事なことは繰り返します。こういったことも基本です。

現場感覚・リアリティー

具体的にイメージできるには、なんといっても自分の目で見て、体験することです。

私が教えている大学の授業のなかで、どうしたら福島の農作物への風評被害がなくなるのか、アイディアを出してくださいという課題を学生に出したところ、いくつかの回答が返ってきました。

一人の男子学生は「一番の対策は、できる限り多くの人に実際に福島に来てもらうことだと思います。私自身、実際に福島に足を運び、話を聞くことで大きく考えが変わったのです。地道な作業ですが」と書いています。

別の男子学生は「実際に福島に足を運ぶことしかないように思う。ボランティアで宮城県の女川に足を運んだ際に、サンマ祭りに参加した。目で見て体験に勝る知識は存在しないように見えた」と書きました。

でも皆がいつも現地に足を運べる環境にあるわけではありません。そこで、相手に現場や事実についてリアリティーを感じてもらうように工夫して伝えることが鍵になります。

大学の授業では、天然の放射性物質のカリウム40と比較して、セシウムはごく微量しか含まれてないということが分かる、いわゆる陰膳方式での検出結果を示すグラフ（図10‐2）

図10－2　陰膳方式放射能量調査結果　（2012年1月17日現在）

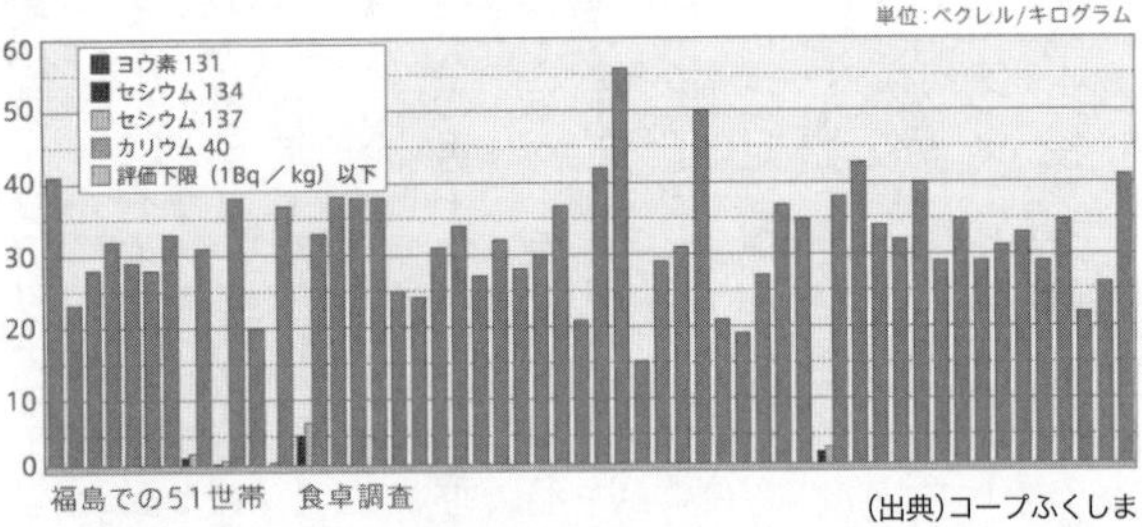

（出典）コープふくしま

を見せました。検出はほとんどがカリウム40です。

福島の食卓のデータを見た女子学生は「福島の風評被害を減らすことはすごく難しいと思います。ですが、自分がこれから何かを買う際には福島産のものを避けることは止めようと思いました」と率直な気持ちを書いています。

別のリスクと比較する

リスクを一つだけ見ると、なかなかその大きさをイメージすることができません。そこで有効になるのがリスクの比較です。

例えば、放射線による健康影響を考えるための一つの指標は、放射線の被ばくと日常生活に起因する発がんリスクを比較してみることです。分かりやすい比較として、国立がん研究センターの発表を基に作成したのが図10－3です。

放射線リスクと比べられているのは、すでに社会で受容さ

図10－3　放射線被ばくと日常生活に起因する発がん因子の比較

100ミリシーベルト以下	検証が難しい
100から200ミリシーベルト	野菜不足や受動喫煙
200から500ミリシーベルト	運動不足、やせ、肥満、塩分の取りすぎ
1000から2000ミリシーベルト	酒毎日2合以上
2000ミリシーベルト以上	酒毎日3合以上、喫煙者（清酒1合はビール中瓶1本、焼酎35度80ml、ウイスキーダブル1杯、ワイン2杯）

ただしこの放射線被ばくのデータは広島・長崎での調査を基にしている。
原爆による一瞬の被ばく（＝急性被ばく）と低線量被ばくとのリスクの比較では、低線量の被ばくの方が、急性被ばくと比較してリスクが低いという考えもある。

（出典）国立がん研究センター

れているリスクですから、一般にも分かりやすい比較になっています。この図を見ると、生活習慣や嗜好品など、気をつけることで避けられるリスクの発がんへのリスクが相当高いということです。

ただ、この比較には抵抗を感じる人が多いと思います。それは、原爆や原発事故によって放射線を浴びること、摂取することは自発的ではなく、強要されたもの。そして、喫煙や飲酒は自分で好んでするものだからです。ただ、自発的かどうかにかかわらず、冷静にリスクを比較するとこうなる、というものです。

ただ、こういった比較は、自己を管理しながら、自分の行動を決める上でとても参考になりますね。

この章でまとめたように、リスコミの考え方、フィロソフィーを理解したうえで、工夫を重ねていき、リスコミを実践していくのです。

あとがきにかえて

この本では、リスコミの理論から実践まで駆け足でお伝えしました。なんだか難しそうだな、リスコミは気が重いなあ、と思う方がいらっしゃるかもしれませんね。

リスコミは科学と一般の人をつなぐものですから、相手がいます。ですからそう単純でもありません。それでも一度やってみると、どんどんハードルが低くなってきます。私がリスコミの実践を通して強く感じたことは、リスコミはそう簡単ではないこと。でもだからこそ、なかなか面白いものだということです。

この本を手に取ってくださった方々は、リスクコミュニケーションに興味がある方でしょう。知識と経験値は異なります。平時にできないことは緊急時にはできません。失敗を恐れず、ぜひすぐにでも実践を始めてみてください。

リテラジャパンのウェブサイトに実践のためのツールが無料公開されています。どうぞ利用してください。

リスコミがもっと日本で広まることで、被災地の早い復興にお役に立てることを心から願っております。

２０１３年10月　西澤真理子

〈参考文献〉

有路昌彦「思いやりはお金に換算できる!?」講談社＋α新書
畝山智香子「ほんとうの『食の安全』を考える」化学同人
畝山智香子「「安全な食べもの」ってなんだろう?」日本評論社
ケビン・メア「決断しない日本」文春新書
小島正美「メディアを読み解く力」エネルギーフォーラム新書
小島正美「誤解だらけの放射能ニュース」エネルギーフォーラム新書
小島正美「正しいリスクの伝え方」エネルギーフォーラム
下村健一「マスコミは何を伝えないか」岩波書店
西澤真理子「リスク評価ハンドブック」「リスクコミュニケーションハンドブック」リテラジャパン
平田オリザ「わかりあえないことから」講談社現代新書
松永和紀「メディアバイアス」光文社新書
山岸俊男「日本の「安心」はなぜ消えたのか」集英社インターナショナル
山岸俊男　メアリー・C・ブリントン「リスクに背を向ける日本人」講談社現代新書
吉川泰弘「獣医さん走る」幸書房
渡辺真由子「オトナのメディア・リテラシー」リベルタ出版
東京電力福島原子力発電所事故調査委員会「国会事故調 報告書」徳間書店
福島原発事故独立検証委員会「福島原発事故独立検証委員会 調査・検証報告書」ディスカヴァー・トゥエンティワン

Ropeik D, Slovic, P, "Risk Communication: A Neglected Tool in Protecting Public Health", Risk in Perspective, vol.11, issue 2, June 2003

ウェブ

リテラジャパン　ホームページ　https://literajapan.com
リテラジャパン　ビデオギャラリー（ビデオ集）　http://literajapan.com/videogallery/
［ビデオのタイトル例］
・リスクコミュニケーションの基礎
リスクコミュニケーションとは？／平時からのリスクコミュニケーション
・公開セミナー　放射性物質のリスクコミュニケーション
・リスクセミナー　リスク評価って何のため？
・対談　リスク評価って何のため？　～リスクコミュニケーションの意義～
リテラジャパン　メルマガ　http://archive.mag2.com/0001170750/index.html

西澤真理子　にしざわまりこ
上智大学外国語学部ドイツ語学科卒。英国ランカスター大学環境政策修士号、インペリアルカレッジ・ロンドンでリスク政策とコミュニケーション（PhD）博士号を取得。英独にて10年間の研究生活を経て帰国。現在、リテラジャパン代表。シュトゥットガルト大学環境技術社会学科研究フェロー、ビジネス・ブレークスルー大学院大学ティーチングスタッフ、東京大学農学部非常勤講師を兼任。専門はリスク政策とリスクコミュニケーション。

エネルギーフォーラム新書　022

リスクコミュニケーション

2013年11月10日　第一刷発行
2015年10月15日　第二刷発行

著　者　西澤真理子
発行者　志賀正利
発行所　株式会社エネルギーフォーラム
〒104-0061 東京都中央区銀座5-13-3　電話 03-5565-3500
印刷・製本所　錦明印刷株式会社
ブックデザイン　エネルギーフォーラム デザイン室

定価はカバーに表示してあります。落丁・乱丁の場合は送料小社負担でお取り替えいたします。

　ISBN978－4－88555－424－7